I S A M E L S H E I M E R

Kontrastbedürfnis / Need for Contrast

Ernst Barlach Haus Hamburg
Verlag für moderne Kunst

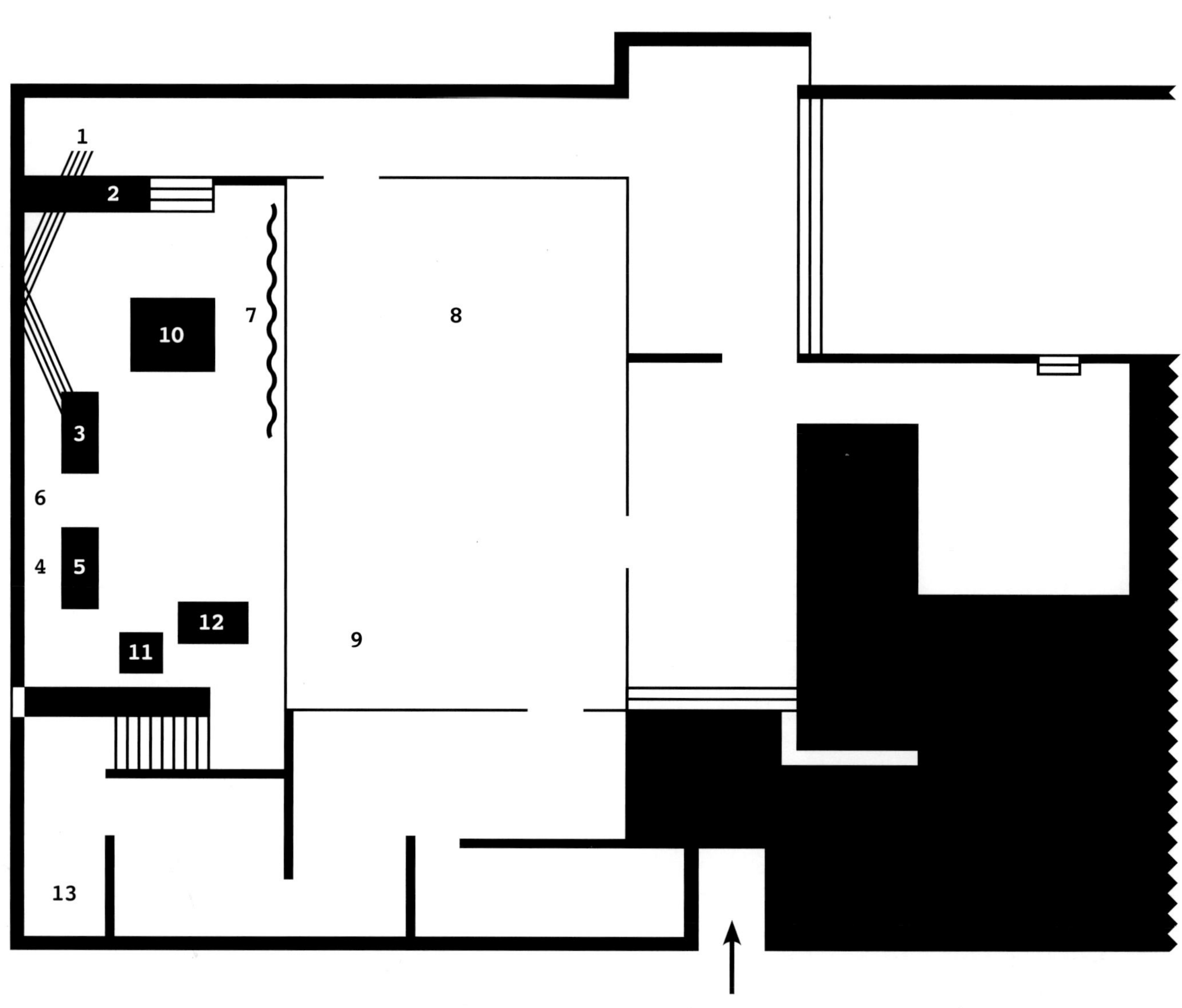

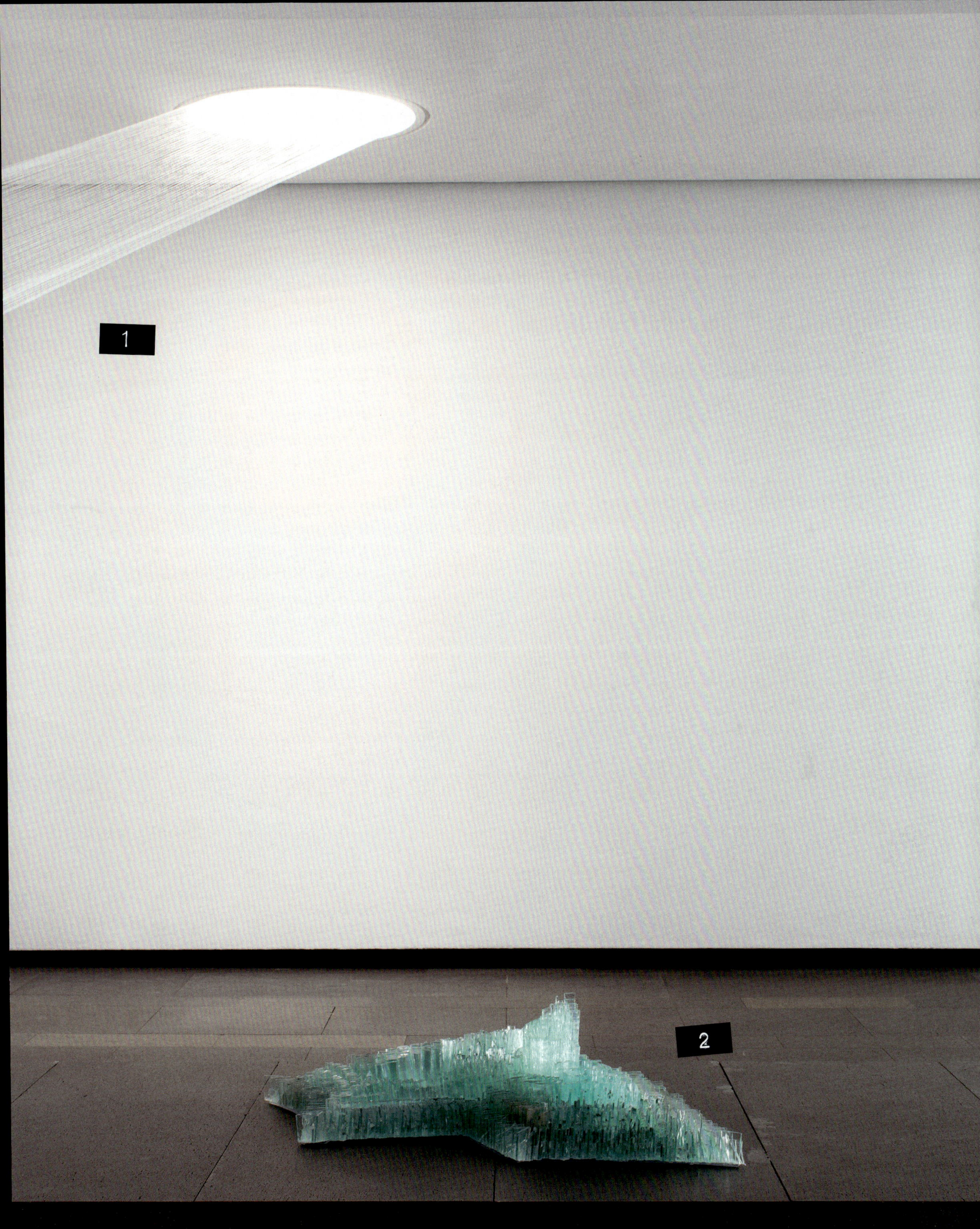
1
2

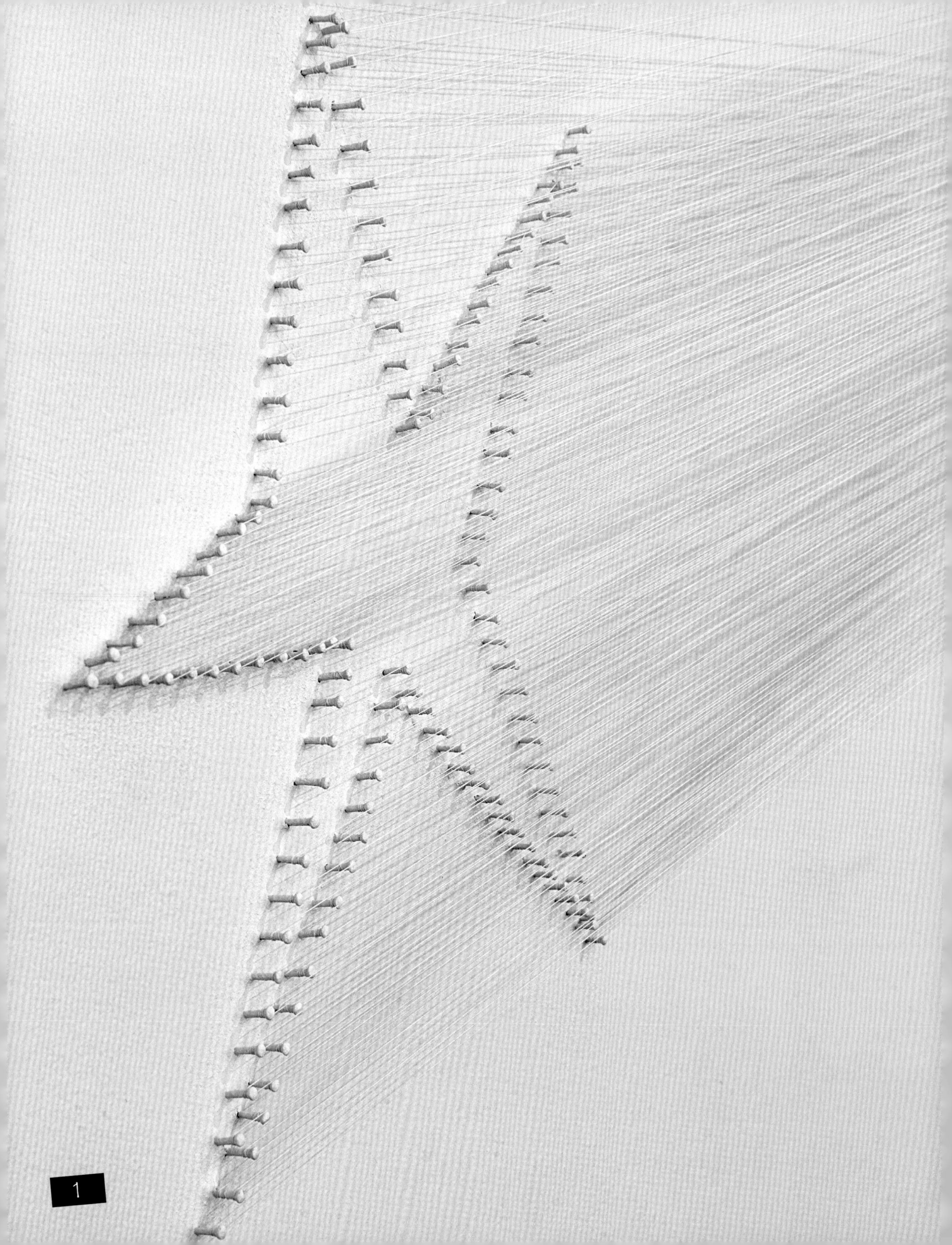

1

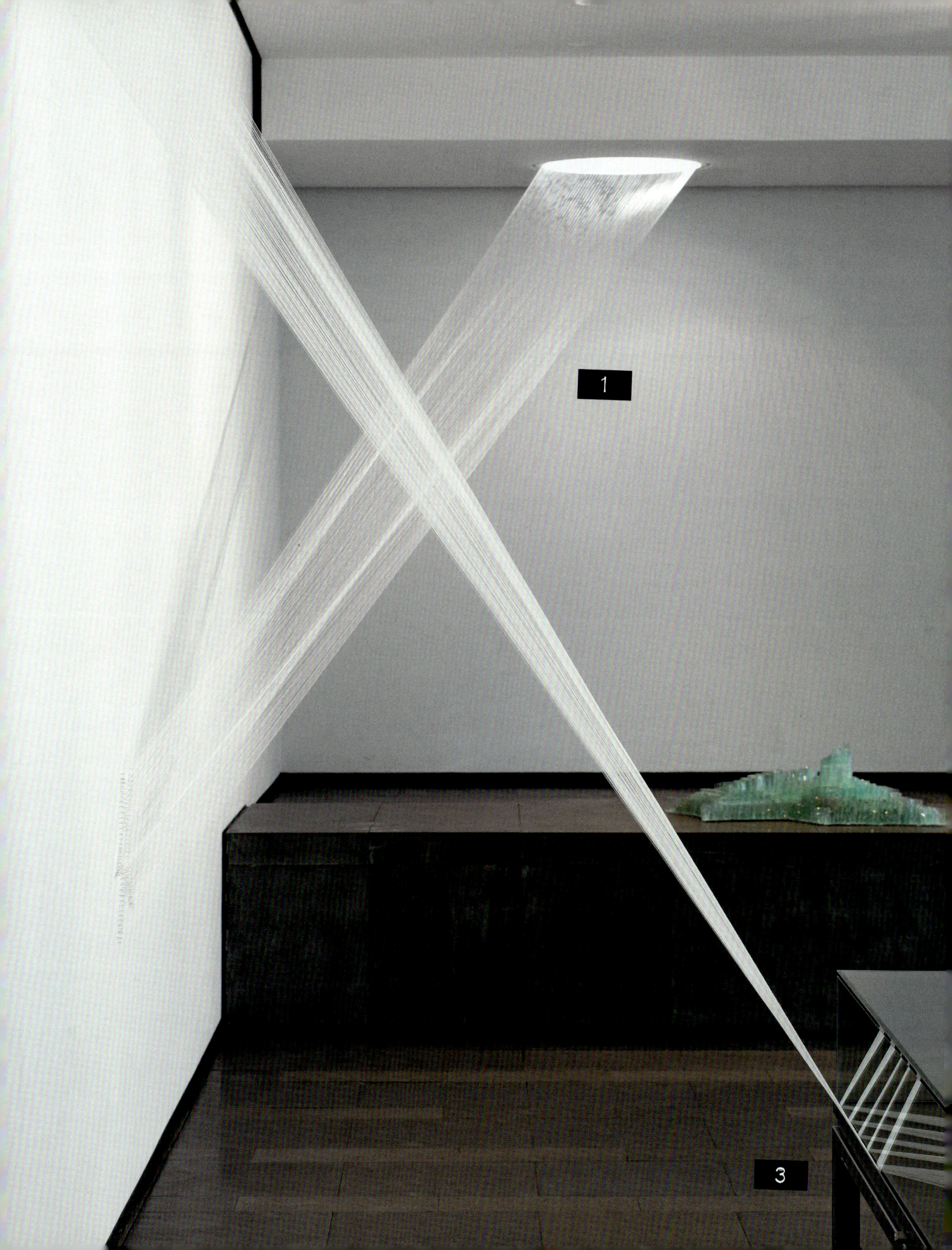
1
3

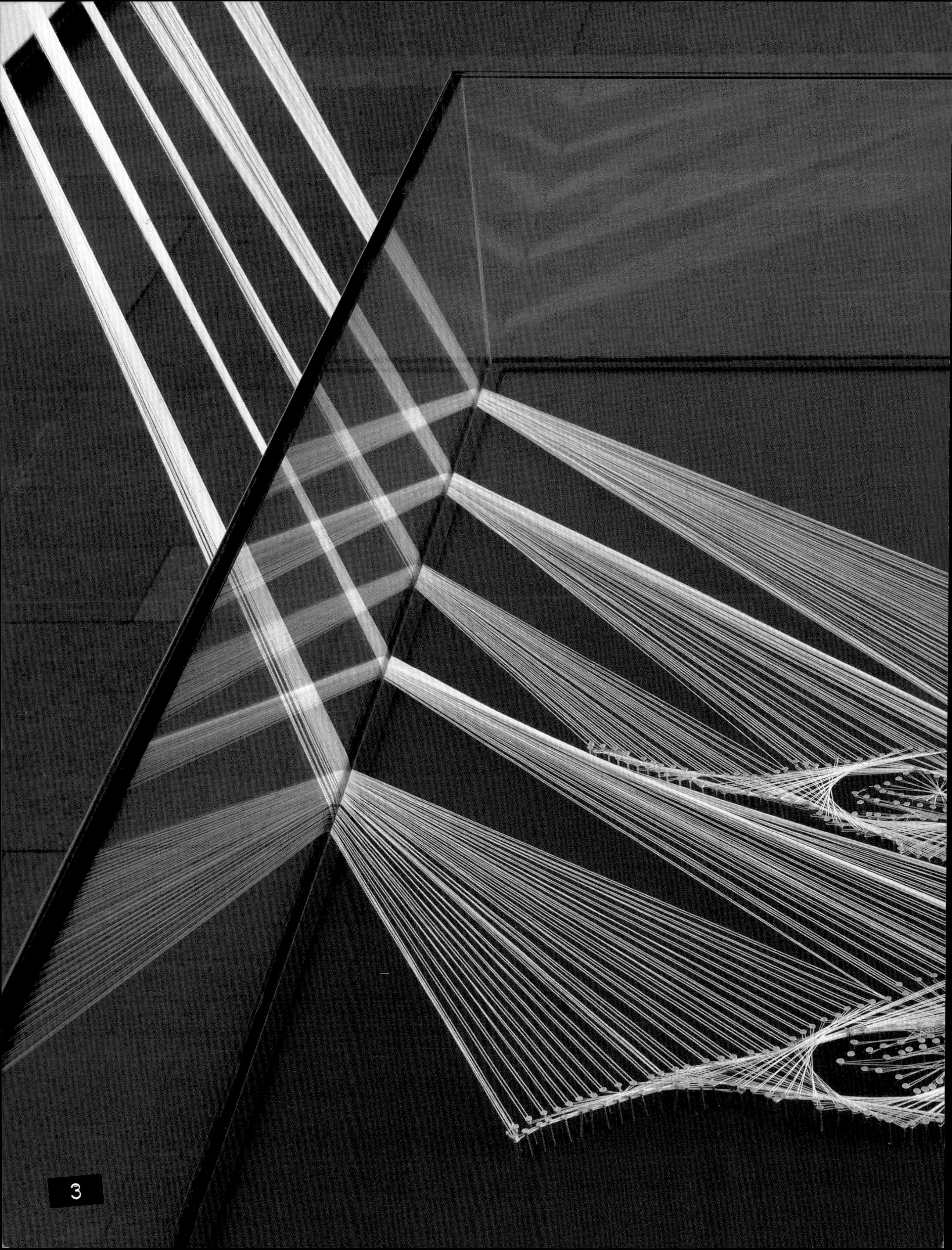
3

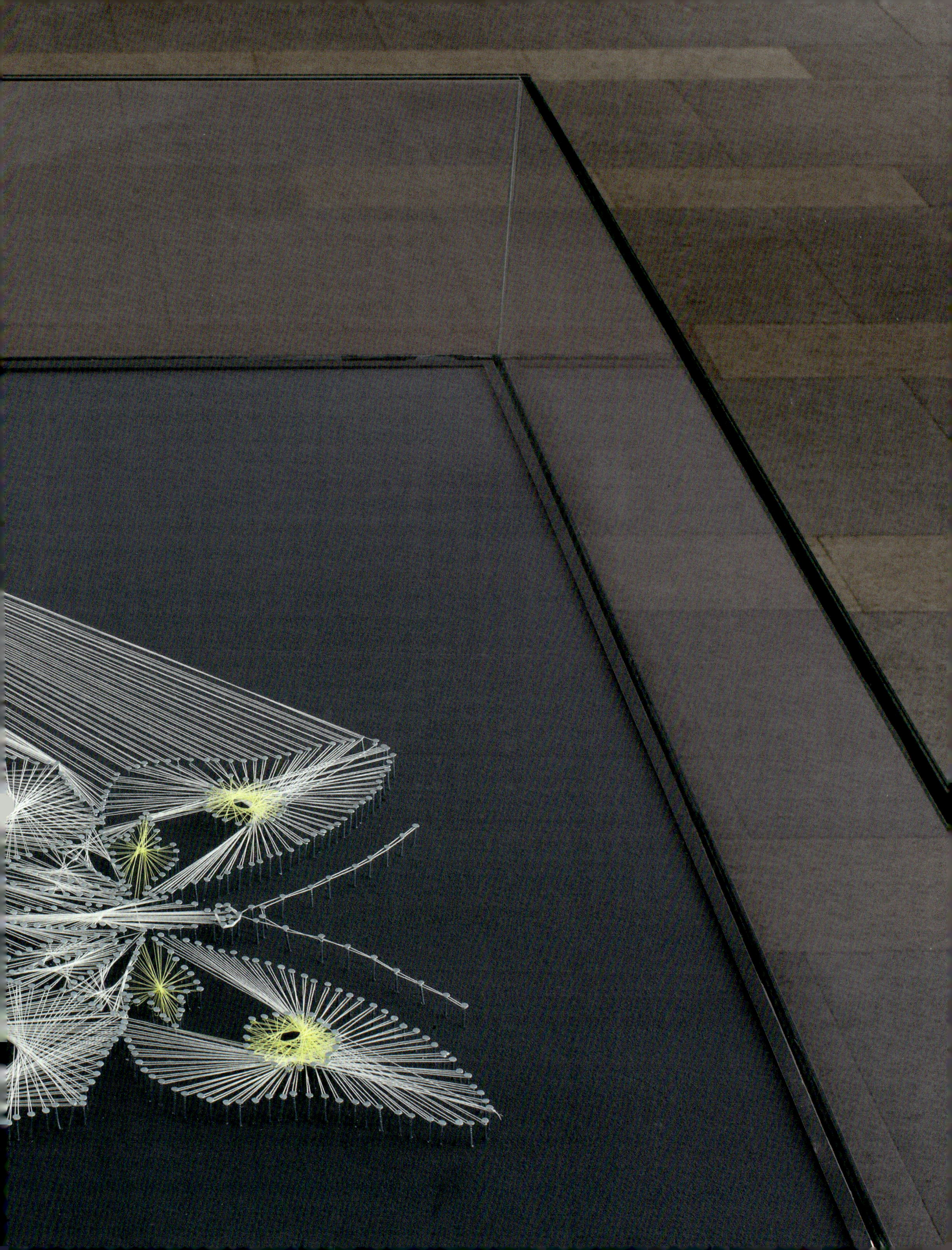

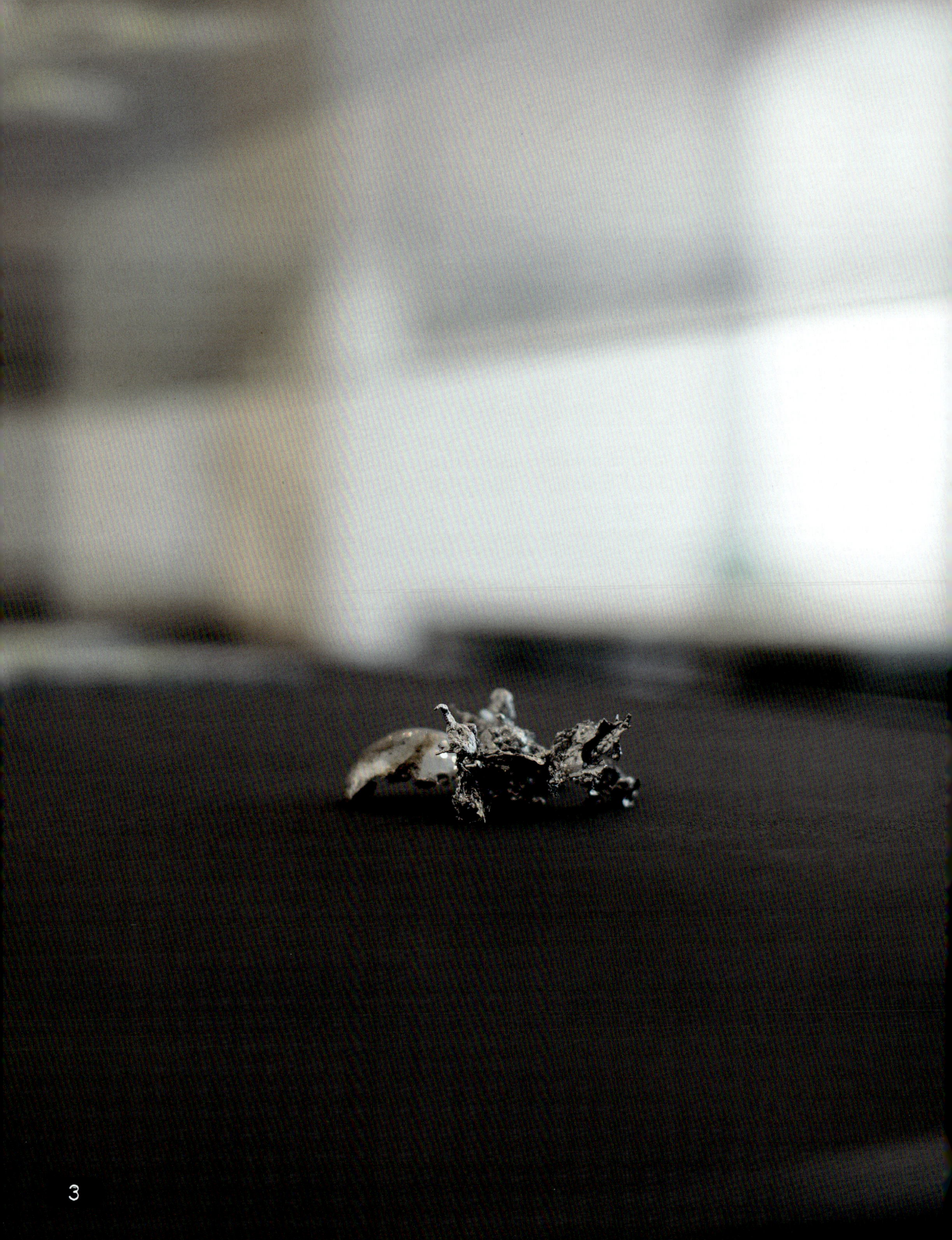

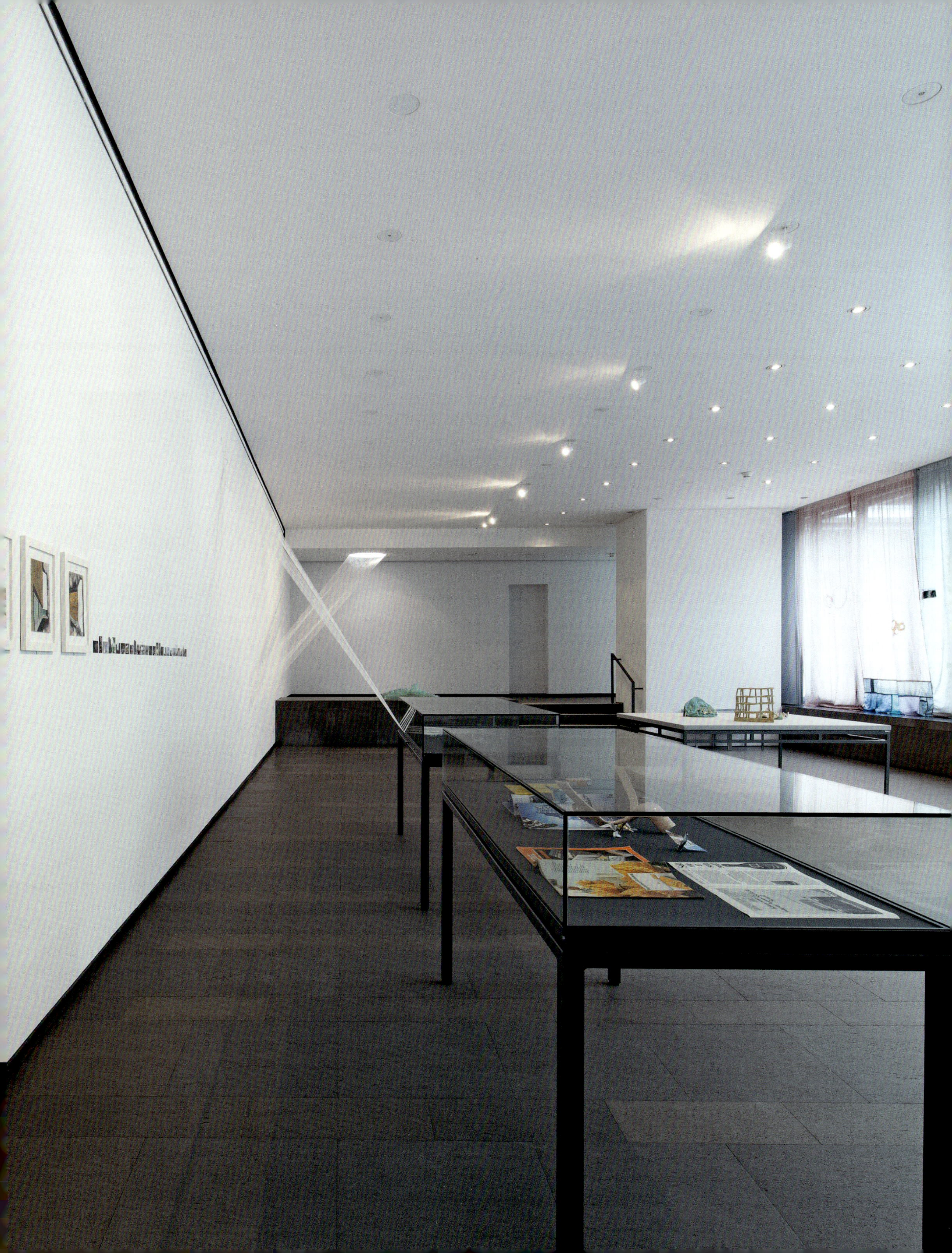

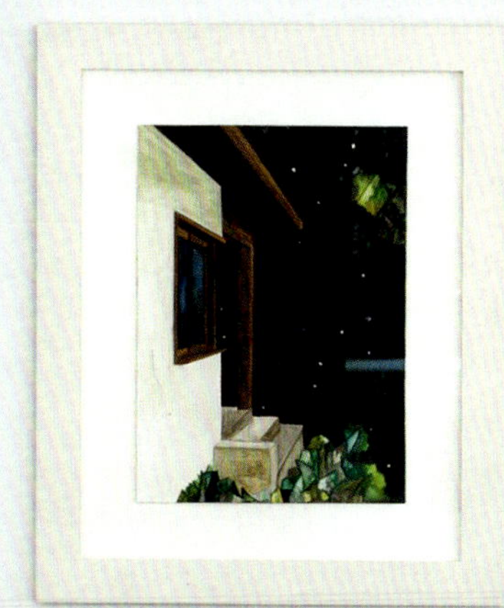
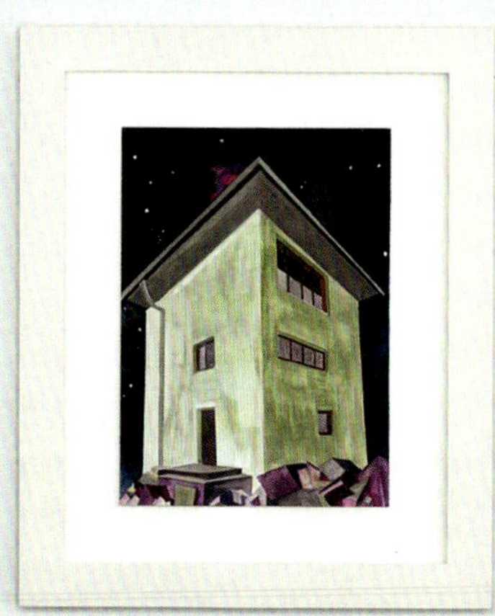

4

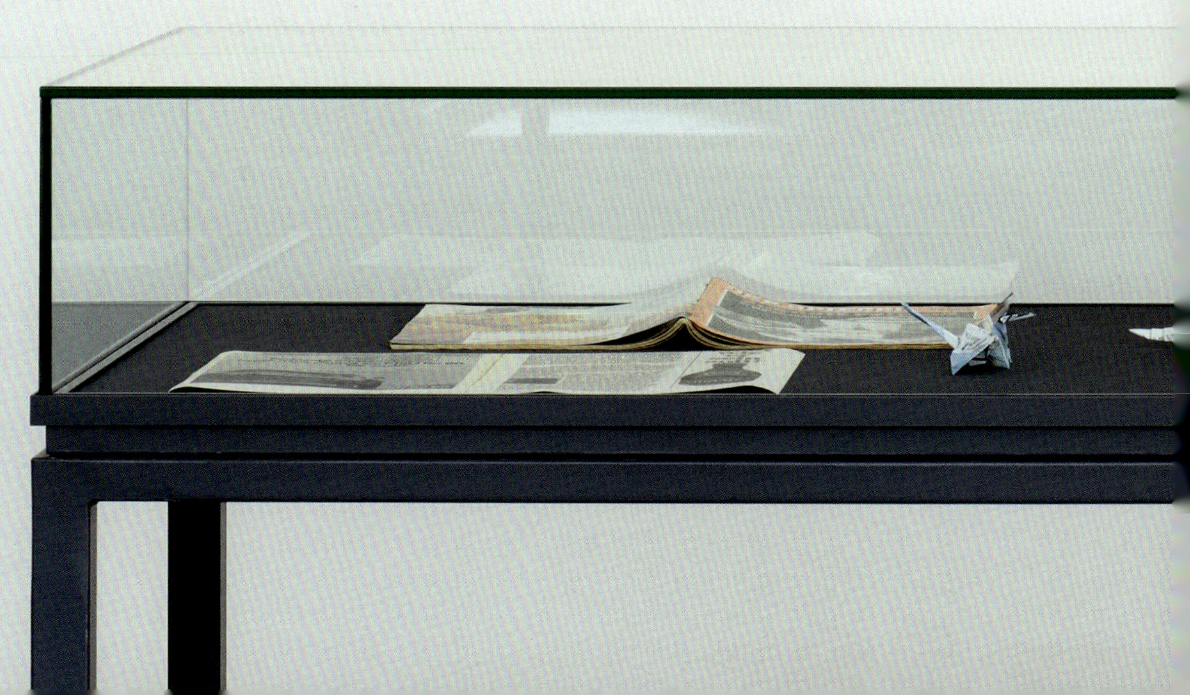

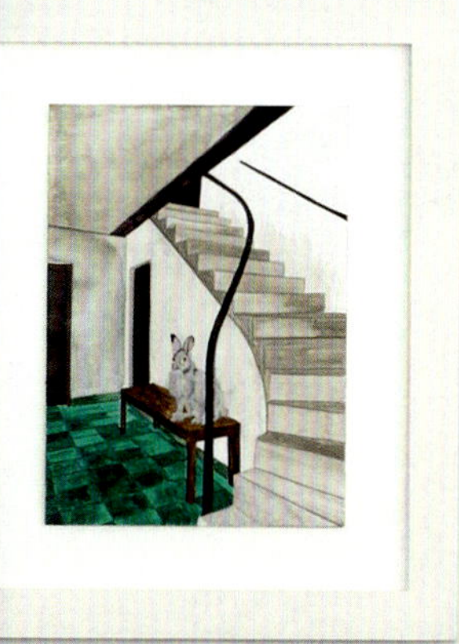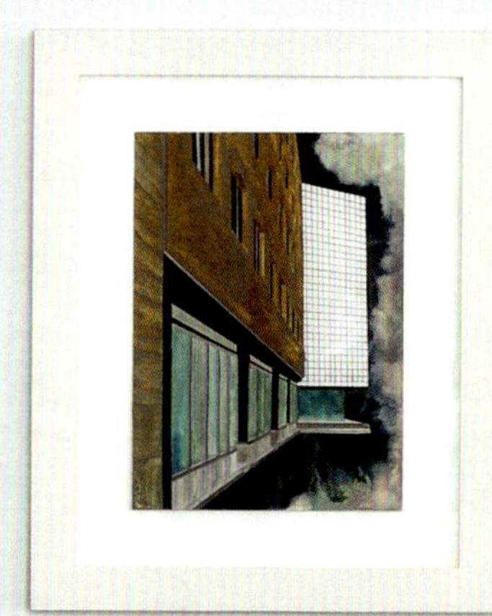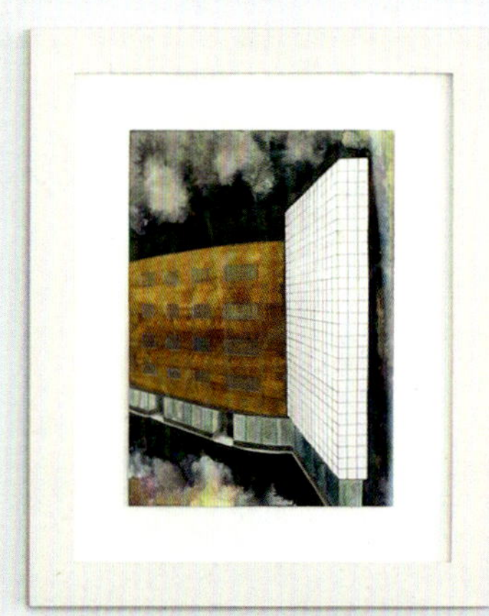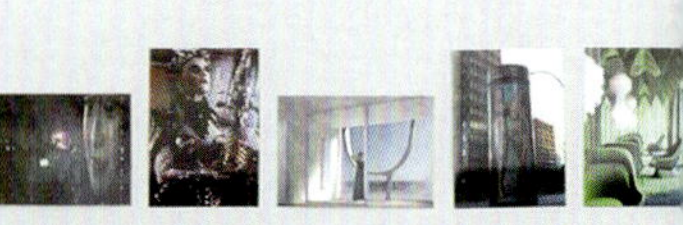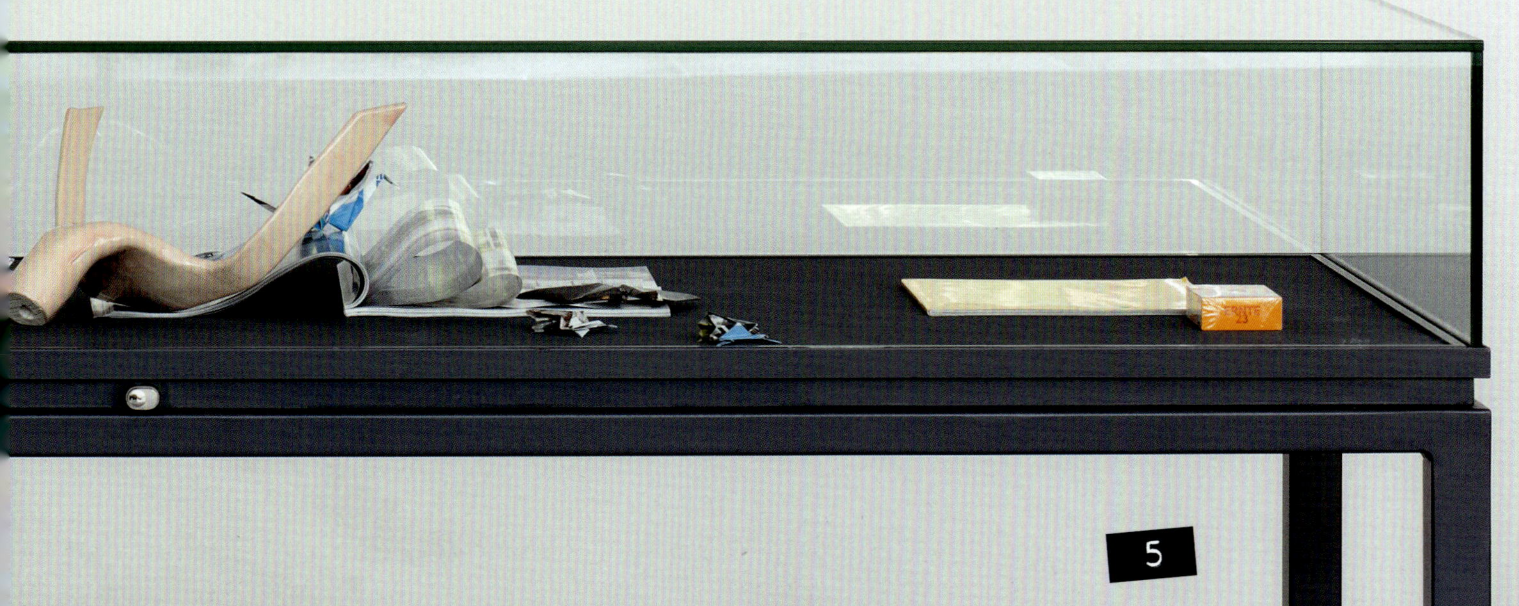

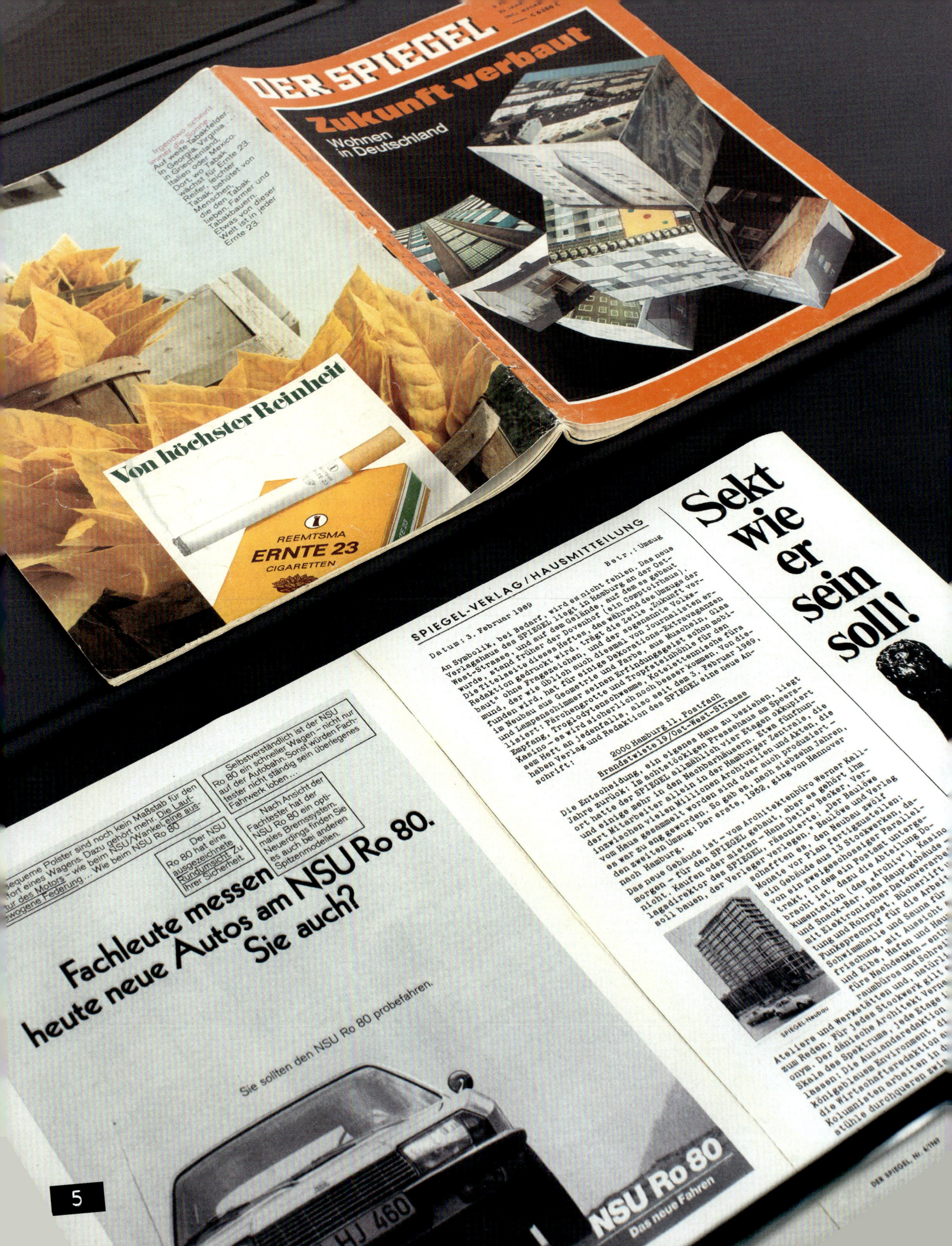

DER SPIEGEL
Zukunft verbaut
Wohnen in Deutschland
Von höchster Reinheit
REEMTSMA
ERNTE 23
CIGARETTEN
Fachleute messen heute neue Autos am NSU Ro 80.
Sie auch?
Sie sollten den NSU Ro 80 probefahren.
NSU Ro 80
Das neue Fahren
Sekt wie er sein soll!
SPIEGEL-VERLAG/HAUSMITTEILUNG
5

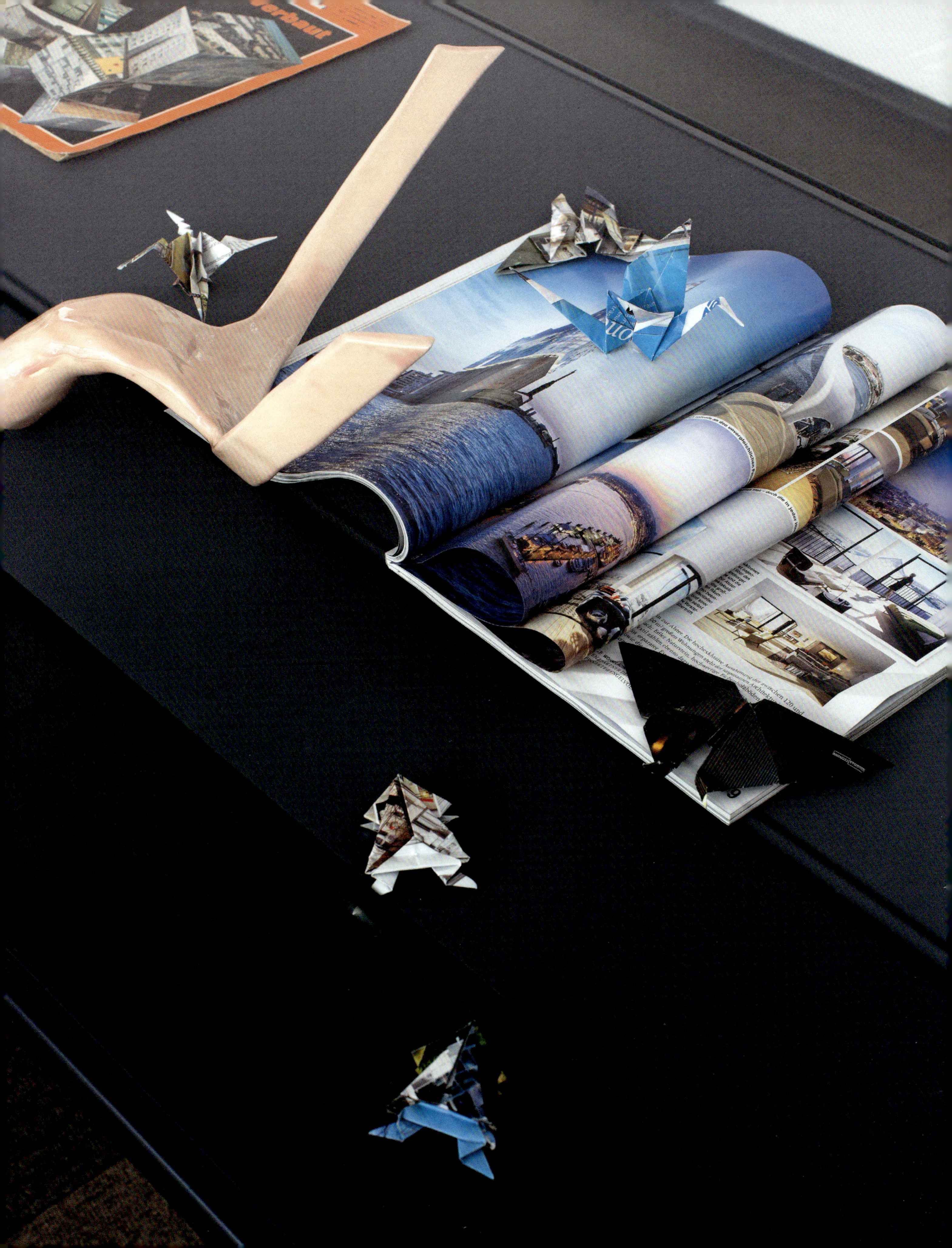

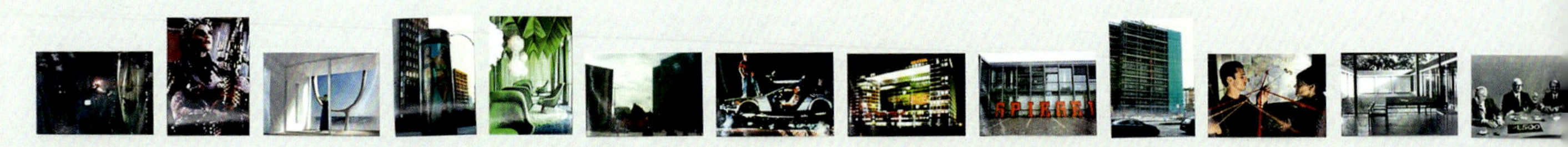

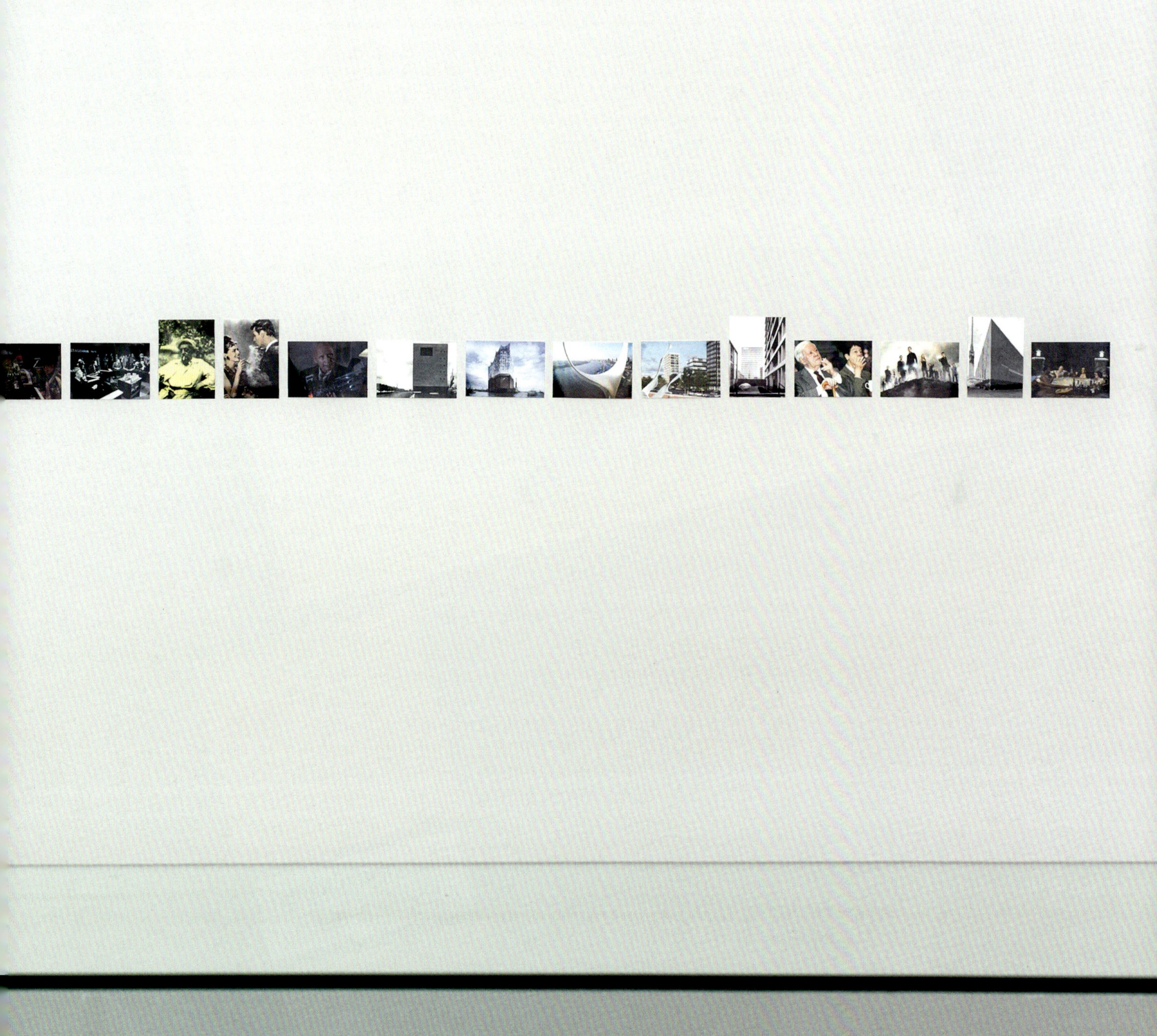

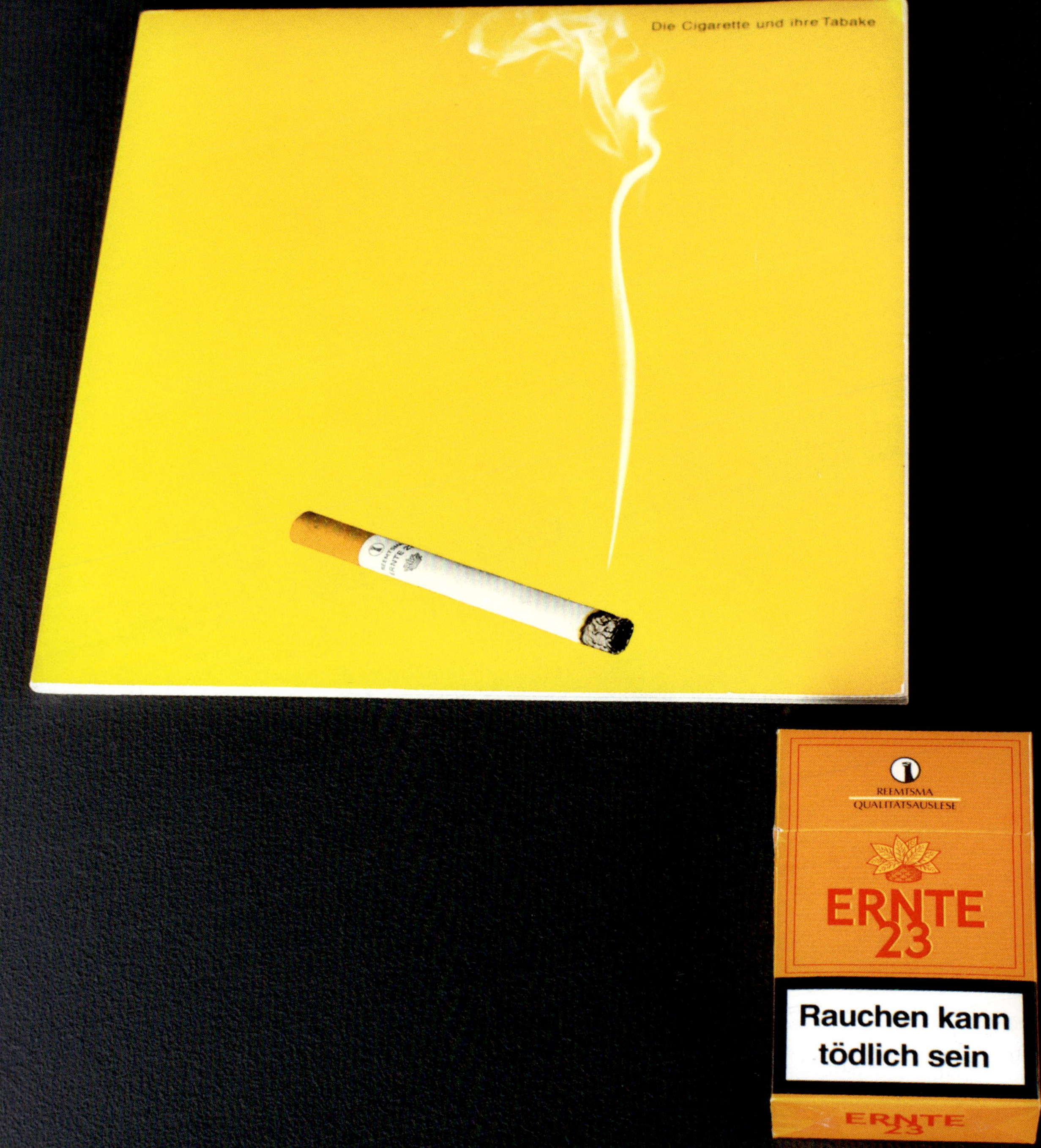

Die Cigarette und ihre Tabake

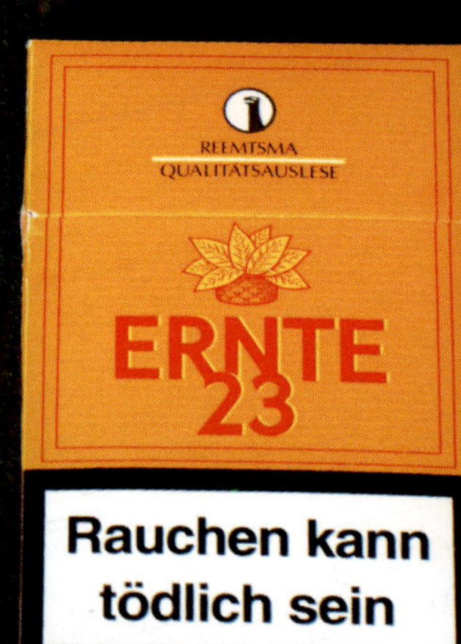
REEMTSMA
QUALITÄTSAUSLESE
ERNTE
23
Rauchen kann
tödlich sein

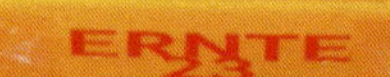
ERNTE
23

Ein filigraner Kristall unter schimmerndem Strahlenkranz — für ihre Ausstellung
Kontrastbedürfnis im Hamburger Ernst Barlach Haus wählt die in Berlin lebende
Künstlerin Isa Melsheimer (*1968) einen bemerkenswert zarten, poetischen Auftakt.
Die Fadenverspannung Kreis / Stern **1**, die aus einer runden Deckenöffnung wie eine
Lichtsäule in den Raum dringt, und die aus Glasplättchen zusammengesetzte Plastik
Luckhardt 3 **2** schaffen eine Atmosphäre der Schwerelosigkeit. Luckhardt 3 geht in
seinem raumschiffartigen Grundriss auf einen Theaterbau zurück, den der Architekt
Wassili Luckhardt 1921 entwarf; Isa Melsheimer gestaltete das Objekt 2009 in
Auseinandersetzung mit den Architekturutopien der Künstlergemeinschaft Gläserne
Kette. Nun verheißt es als funkelnder Sternenkreuzer eine Reise zurück in die
Zukunft. Ready for take-off.

- - - - - - - - - -

Isa Melsheimer befasst sich mit urbanen Lebensräumen und den Bedingungen ihrer
Gestaltung und Veränderung. Das Formenvokabular moderner Architektur interessiert
sie dabei ebenso wie städtebauliche Szenarien und die Dynamik sozialer Spannungen.
Oft auf die konkreten Orte ihrer Ausstellungen reagierend, entwirft Melsheimer
komplexe Rauminstallationen, die von überraschenden Maßstabssprüngen, Perspektiv-
wechseln und Materialkontrasten leben — Postmoderne Ruine **13** realisiert ihre
Strategie der pointierten Polarisierung im Miteinander von feinen Porzellansittichen
und krudem Betonsockel. Neben Plastiken aus Glas, Beton oder Keramik finden sich in
Melsheimers modellhaften Versuchsanordnungen auch bestickte Vorhänge, Arrangements
aus gesammelten Objekten oder Ensembles aus lebenden Pflanzen. Die skulpturalen Werke
werden von Gouachen begleitet, in deren Bildwelten sich Zitate aus den Bereichen
Kunst, Architektur, Design und Popkultur überlagern und durchdringen.

Welch weitläufige Denk- und Möglichkeitswelten Isa Melsheimer in realen Räumen
eröffnen kann, zeigt die Ausstellung Kontrastbedürfnis, die schon im Titel den
Architekten des Ernst Barlach Hauses, Werner Kallmorgen (1902—1979), zitiert.
Kallmorgen sah im „Kontrastbedürfnis" eine Grundlage für das Gestalten, Betrachten
und Erleben von Architektur, und Melsheimer, die sich den Begriff für ihre Ausstellung
geliehen hat, empfindet es als eine Grundmotivation ihrer künstlerischen Arbeit.
Sie geht mit ihren Installationen auf einen Kollisionskurs, der die Dinge leicht
verrückt und unter Spannung setzt, der Blickwinkel verschiebt und neu justiert —
und so Funken der Erkenntnis darüber schlägt, dass selbst festgefügte Verhältnisse
letztlich gemacht und veränderbar sind.

Isa Melsheimer wählt Kallmorgens Kontrast-Plädoyer als Ausgangspunkt für künstle-
rische Exkurse in die Hamburger Bau- und Stadtkultur. Mit Witz und Hintersinn nimmt
sie dabei neben dem 1962 eröffneten Ernst Barlach Haus noch weitere markante Gebäude
von Werner Kallmorgen ins Visier, erkundet seine funktionalen Architekturen und ihre
teils dysfunktionalen Geschichten.

- - - - - - - - - -

Melsheimers Ausstellungsparcours erstreckt sich über zwei Räume, das Atrium und den
großen Ausstellungsraum an dessen nördlicher Seite. Während es sich bei diesem Raum
mit seinen Oberlicht-Nischen und Steinpodesten um eine bis heute original erhaltene
Schöpfung Werner Kallmorgens handelt, wurde das Atrium 1995/96 grundlegend umgebaut.
Durch ein Glasdach und einen hellen Steinboden hat der einstmals offene Innenhof

seine kallmorgensche Originalität weitgehend eingebüßt. Mit dem Nebeneinander der beiden von ihr gewählten Ausstellungsräume (zwischen denen eine Fensterfront Blickbeziehungen und Wechselwirkungen ermöglicht) spricht Melsheimer das Thema unterschiedlicher Zeithorizonte an: Architekturen werden umgestaltet und erweisen sich in ihren Transformationen als Gradmesser für den Wandel menschlicher Bedürfnisse und gesellschaftlicher Werte.

Beredte Zeugnisse für solchen Wandel sind in Hamburg einige markante Gebäude Werner Kallmorgens, die Isa Melsheimer als Betonmodelle im Atrium arrangiert: sein zwischen 1963 und 1966 gebauter Kaispeicher A **9** und das 1966 bis 1969 errichtete Ensemble aus Spiegel- und IBM-Hochhaus **8.1** – **8.3**. Mit großem Interesse hat Melsheimer die Geschichte dieser Architekturen verfolgt, und sie lässt sie in einer Sequenz aus 27 kleinformatigen Fotoabzügen **6** mehrfach aufscheinen: Während der imposante Kaispeicher A **6** [Bild 19, 26 v. l.] im Frühjahr 2007 in einen Sockel für ein neues, prestigeträchtiges Wahrzeichen verwandelt wurde und nun – entkernt und neu gefüllt – der Elbphilharmonie von Herzog & de Meuron als Unterbau dient **6** [20], wird das Spiegel-Ensemble nach dem Umzug des Nachrichtenmagazins in die HafenCity **6** [8, 9] und einem mehrjährigen ruinösen Leerstand **6** [10] derzeit unter dem Motto „Hamburg Heights – oben angekommen" zu einem Apartmenthotel für solvente Geschäftsreisende umgebaut **6** [4, 6, 22] – ein bemerkenswerter Funktionswandel für das einstige Hauptquartier des kritischen linken Journalismus.

Kallmorgens Nachkriegsklassiker als aktuelle politische Kristallisationspunkte, urbanistische Reibungsflächen und Objekte sozialer Überformung: Isa Melsheimer hat ein ausgesprochenes Talent, relevante Fragen, brisante Phänomene und erhellende Zusammenhänge aufzuspüren und in ein dichtes künstlerisches Beziehungsnetz zu verweben. Sie beginnt damit im unklimatisierten Innenhof des Ernst Barlach Hauses, der dank seines Glasdachs Gelegenheit bietet, den Hamburger Sommer von einer ungewohnt karibischen Seite zu erleben. Melsheimer nutzt dieses Wärmepotenzial des Museums und gestaltet das Atrium als exotisch begrüntes Tropenhaus, in dem Kallmorgens Großbauten einer entropischen Zukunft entgegensehen. Damit bringt die so evokativ üppige wie abgründig karge Inszenierung der Betonskelette und Glasrelikte, die der Besucher wie ein Gulliver in Liliput durchwandert, das Motto auf den Punkt, das sich Isa Melsheimer ergänzend zum geborgten Ausstellungstitel gewählt hat: „Zurück in die Zukunft – Fehlerbeseitigung".

Die surreale Atmosphäre des aufgeheizten Endzeitszenarios krönt Melsheimers Schneeberg **8.4** mit einem absurden Akzent. Das glasierte Tonobjekt im Herzen des Spiegel-Ensembles verdankt sich keineswegs künstlerischer Verfremdungslust, sondern im Gegenteil besonderer Quellentreue, denn in einer der bekanntesten historischen Fotografien des Spiegel-Areals **6** [23], die Melsheimer für ihre Recherchen aufmerksam studiert hat, avanciert der Schneehaufen zum heimlichen Protagonisten: Seine amorphe Gestalt behauptet sich im streng gerasterten Setting und nimmt der fotografischen Huldigung an den rechten Winkel ihre apodiktische Schärfe.

- - - - - - - - - -

Isa Melsheimer betrachtet Werner Kallmorgen als einen in seiner funktionalen Formensprache zukunftsweisenden Baumeister und erkennt in ihm zugleich einen Architektentypus, dessen Selbstverständnis sie beeindruckt. Zurückhaltend, ja „dienend" gegenüber seinen Bauaufgaben, wirkt er heute, in Zeiten spektakulärer

Ego-Architekturen, beinahe wie von einem anderen Stern. Melsheimers Wertschätzung
für Kallmorgen wird in der Ausstellung offensichtlich. So hat sie das von ihm für
das Ernst Barlach Haus entworfene Originalmobiliar gewählt, um es als Fundament
und Sprungschanze für ihre künstlerischen Zeitreisen zu verwenden. Neben vier
Vitrinen nutzt sie einen großen quadratischen Tisch, auf dem ursprünglich – das
zeigt eine historische Aufnahme aus dem Eröffnungsjahr 1962 **6** [12] – ein schwerer
gläserner Aschenbecher thronte. Dieses Objekt wird für Melsheimer zum Ausgangspunkt für imaginäre Reisen in die Vergangenheit, steht es doch symbolisch für eine
(zumindest in Raucherfragen) erstaunlich freizügige Gesellschaft, die heute,
einige Jahrzehnte später, bereits Lichtjahre entrückt scheint. An diese Gesellschaft erinnern weitere Bilder in der Fotosequenz: Politische Debattierrunden,
etwa mit Helmut Schmidt **6** [13, 15], sind dort neben der rauchenden Audrey Hepburn
in „Frühstück bei Tiffany" **6** [17] zu sehen, und auch ein Porträt des Rauchers Ernst
Barlach **6** [16] fehlt nicht. Zwei seiner frühen keramischen Gefäße – „Nöck" und
„Triton" von 1903/04 **11.1** – **11.2** – hat Isa Melsheimer in die Ausstellung integriert;
sie korrespondieren mit drei eigenen Aschenbecher-Variationen **10.1** – **10.3** auf
Kallmorgens Tisch, zu denen sich Melsheimer durch Barlachs Jugendstilwerke, aber
auch durch die Fassade des Spiegel-Hochhauses und das wellenförmig geschwungene
Dach der Elbphilharmonie **6** [20] inspirieren ließ.

Die raffinierten Vermarktungsstrategien, mit denen die luxuriösen Eigentumswohnun-
gen in der Elbphilharmonie beworben werden, führt Isa Melsheimer in der Tisch-
vitrine <u>Moderne Zeiten</u> **5** vor. Dort ist ein Hochglanzmagazin aufgeblättert, das
von einem fleischfarbenen, gabel- oder wünschelrutenartigen Keramikobjekt in
Position gehalten wird. Seine anthropomorphe Form ist den futuristischen Fenster-
rahmen nachempfunden, die als markante bauliche Elemente der Elbphilharmonie in
zahlreichen Werbeabbildungen wiederkehren **6** [3, 21]. Neben den Einblicken in eine
perfekt geglättete, elegant unterkühlte Zukunftswelt (in die sich eine kleine
Armee aus unruhestiftenden Origami-Tierchen aufgemacht hat), verweist eine Ausgabe
des Magazins „Der Spiegel" vom Februar 1969 mit der Titelgeschichte „Zukunft
verbaut. Wohnen in Deutschland" auf städtebauliche Konflikte. In der Hausmitteilung
desselben Hefts berichtet die Redaktion von ihrem Einzug in das jüngst fertig-
gestellte Spiegel-Hochhaus. Und auf der Rückseite wirbt eine Anzeige für die
Zigarettenmarke Ernte 23 aus dem Hause Reemtsma, dessen langjähriger Firmenchef
Hermann F. Reemtsma 1934 Ernst Barlach kennenlernte und 1961 Werner Kallmorgen
damit beauftragte, im Hamburger Jenischpark ein Museum für Barlachs Werk zu
errichten. Eine assoziative Kette schließt sich.

- - - - - - - - - -

Die fantastischen Exkursionen, in denen Isa Melsheimer scheinbar disparate
Phänomene so bruchlos miteinander verschränkt wie ihr Faden-Morphing heterogene
Formen ineinander verwandelt **1**, **3**, sind zugleich Reisen in die Vergangenheit und
Zukunft. Entsprechend konsequent verknüpft die Künstlerin den Kallmorgen-Kosmos
mit Paralleluniversen der Wissenschaft und Populärwissenschaft, des Comics und
Science Fiction-Films. Was sich dort an Zeitreisetheorien und -geschichten, an
Symbolen und Metaphern finden lässt, hat sie in ihre Ausstellung hineingeholt.
So zitiert sie etwa gleich zweifach den Schmetterlingseffekt, der in der Chaos-
Forschung die unkalkulierbaren Wirkungen kleinster Ursachen beschreibt und damit
auch im Genre „Zeitreisefilm" eine zentrale Rolle spielt: erstens als gestickte
Visualisierung eines Systems von Differenzialgleichungen, das der Meteorologen

Edward N. Lorenz Anfang der 1960er Jahre formulierte, auf dem Vorhang <u>Lorenz Attractor</u> **7.1** und zweitens als kunstvolle Fadenverspannung in Schmetterlingsform, die sich zu Strahlenbündeln verdichtet, aus der Vitrine <u>Der Blick in die Zukunft</u> **3** befreit und in einen Stern an der Wand verwandelt. Auf weiteren Vorhängen, die ebenfalls auf die Originalausstattung des Hauses mit rings um den Innenhof laufenden Stores anspielen **6** [12], benennt Isa Melsheimer außerdem die physikalischen Paradoxien, die mit Zeitreisen verbunden sind **7.2**, oder gestaltet perlenumkränzte Wurmlöcher, durch deren raumzeitverkürzende Windungen Dimensionssprünge möglich sein könnten **7.3**. Auch kuriose Zeitmaschinen aus diversen Hollywoodfilmen — der Cosmic Key aus „Masters of the Universe", der Sportwagen DeLorean DMC-12 aus „Back to the Future" und der Whirlpool aus „Hot Tub" — fehlen nicht. Gemeinsam mit einer Comicversion von H. G. Wells' Science Fiction-Klassiker „The Time Machine" (1895) gönnt Isa Melsheimer dem trashigen Plastikspielzeug einen edlen Auftritt in Kallmorgens puristischer Hochvitrine **12**.

Standbilder aus den genannten Filmen sind in die bereits erwähnte Fotostrecke eingestreut **6** [2, 7, 14, 18, 27]. Sie wird von fünf Gouachen eingeleitet, die frühe Kallmorgen-Bauten aus den Jahren 1929 bis 1931 paraphrasieren: das Sommerhaus Renner in Sierksdorf an der Ostsee **4.1**, das Wohnhaus Nordwald in Hamburg-Osdorf **4.2** — **4.3** und ein Wohn- und Geschäftsgebäude mit Leuchtreklamewand aus Milchglas in Altona **4.4** — **4.5**. Allerdings löst Isa Melsheimer die Architekturen aus ihren historisch-geografischen Zusammenhängen und entrückt sie in geheimnisvoll leuchtende kosmische Räume. Einmal mehr macht <u>Kontrastbedürfnis</u> Sehen und Denken frei für neue Verknüpfungen. Ready for take-off.

Karsten Müller

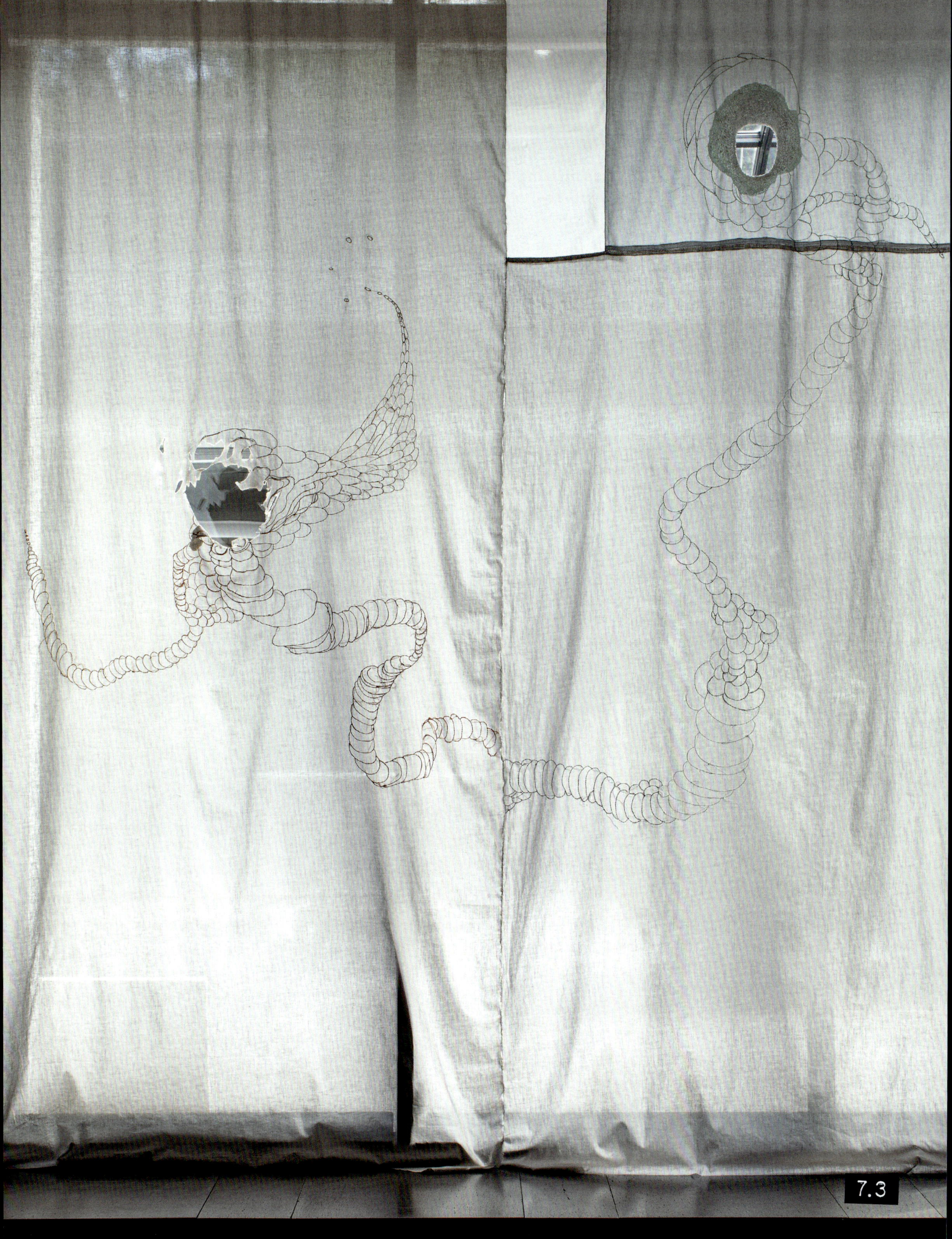
7.3

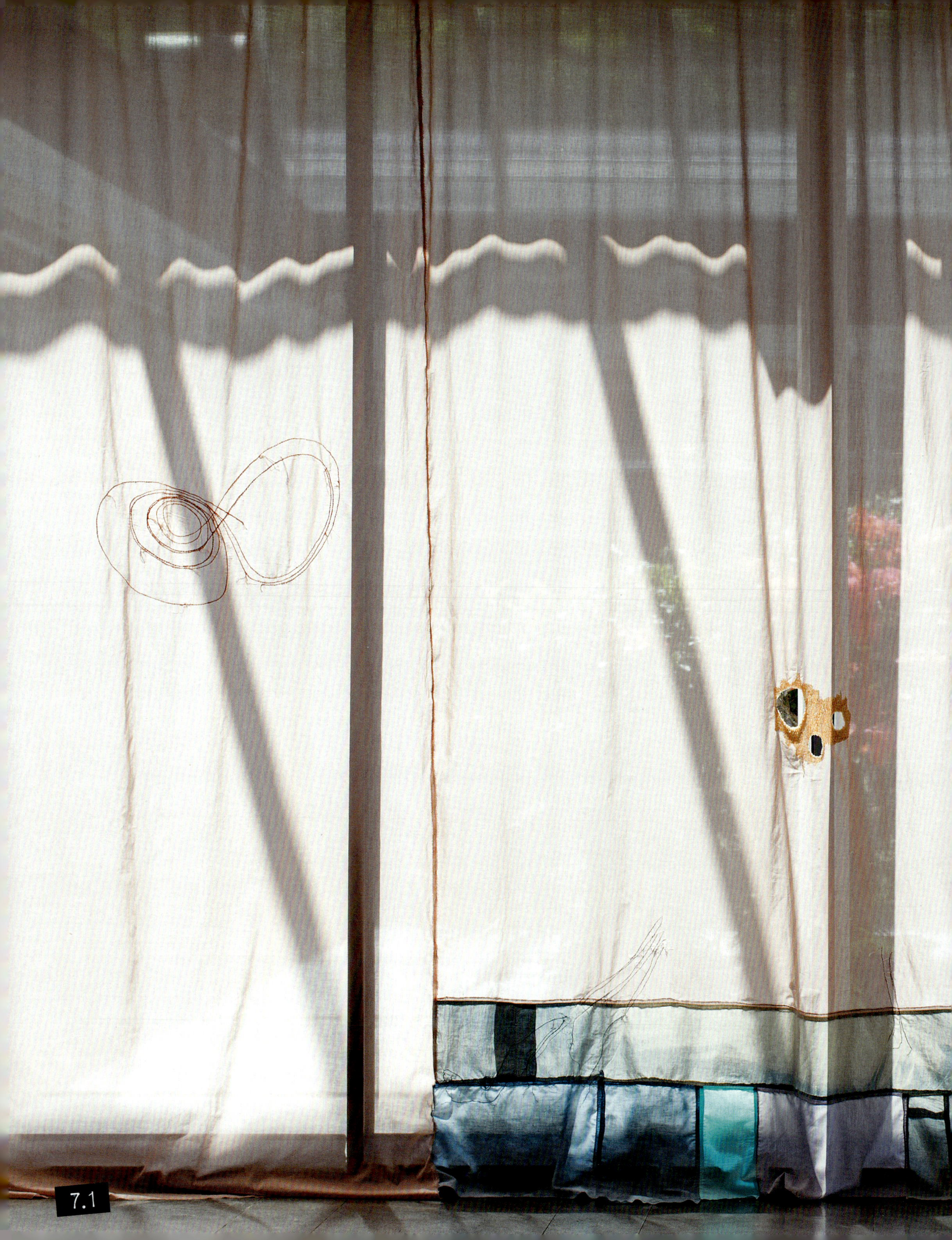

7.1

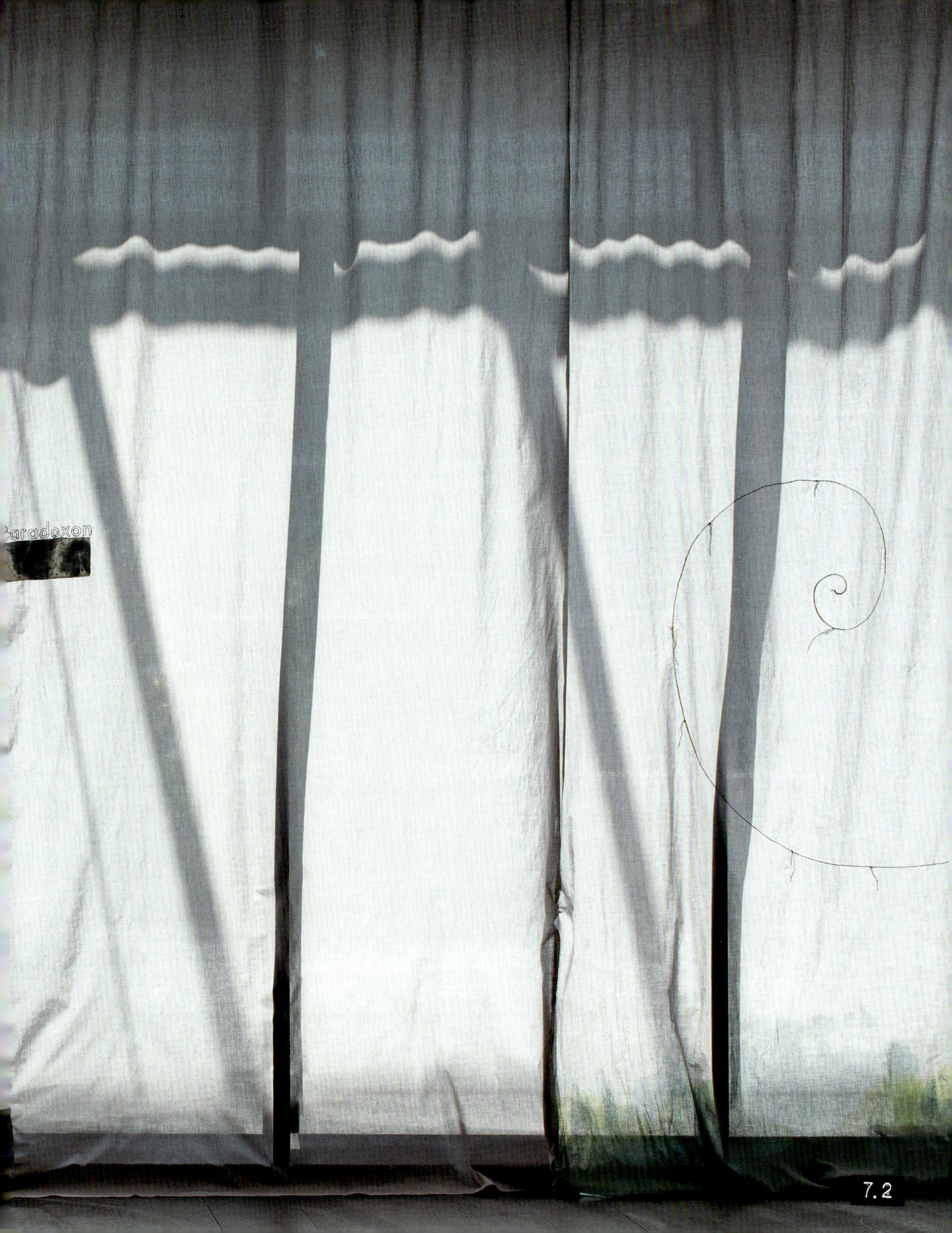
Paradoxon

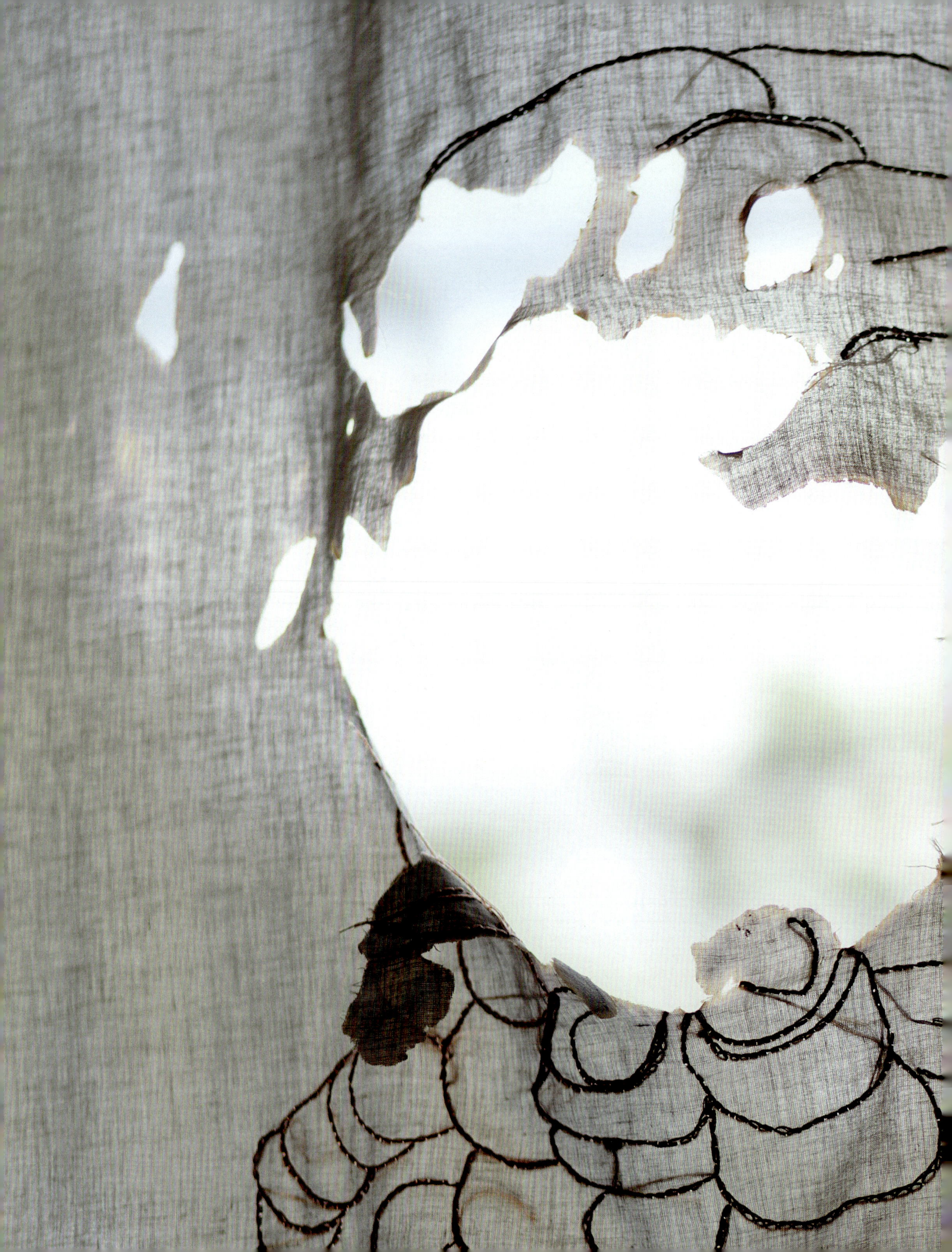

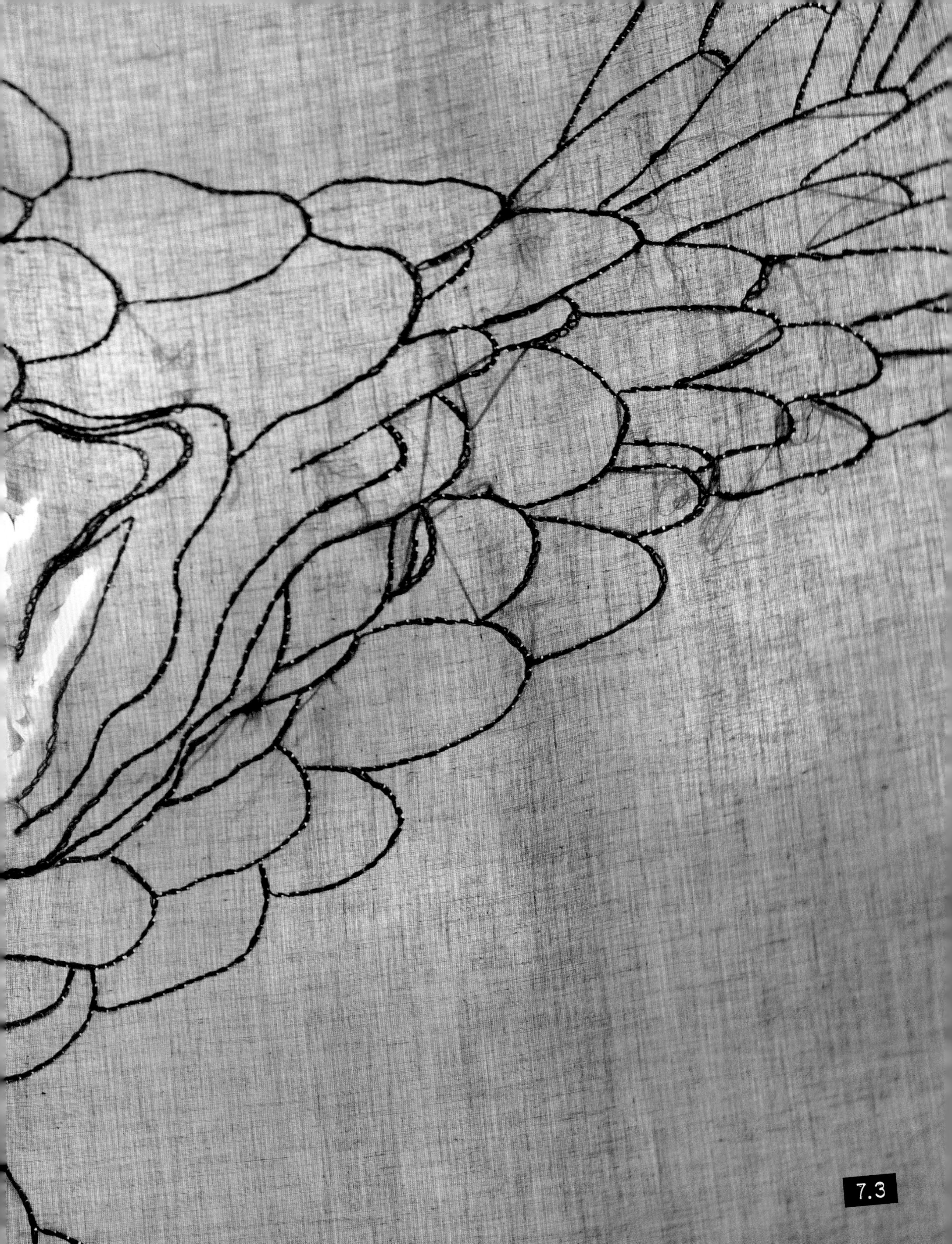
7.3

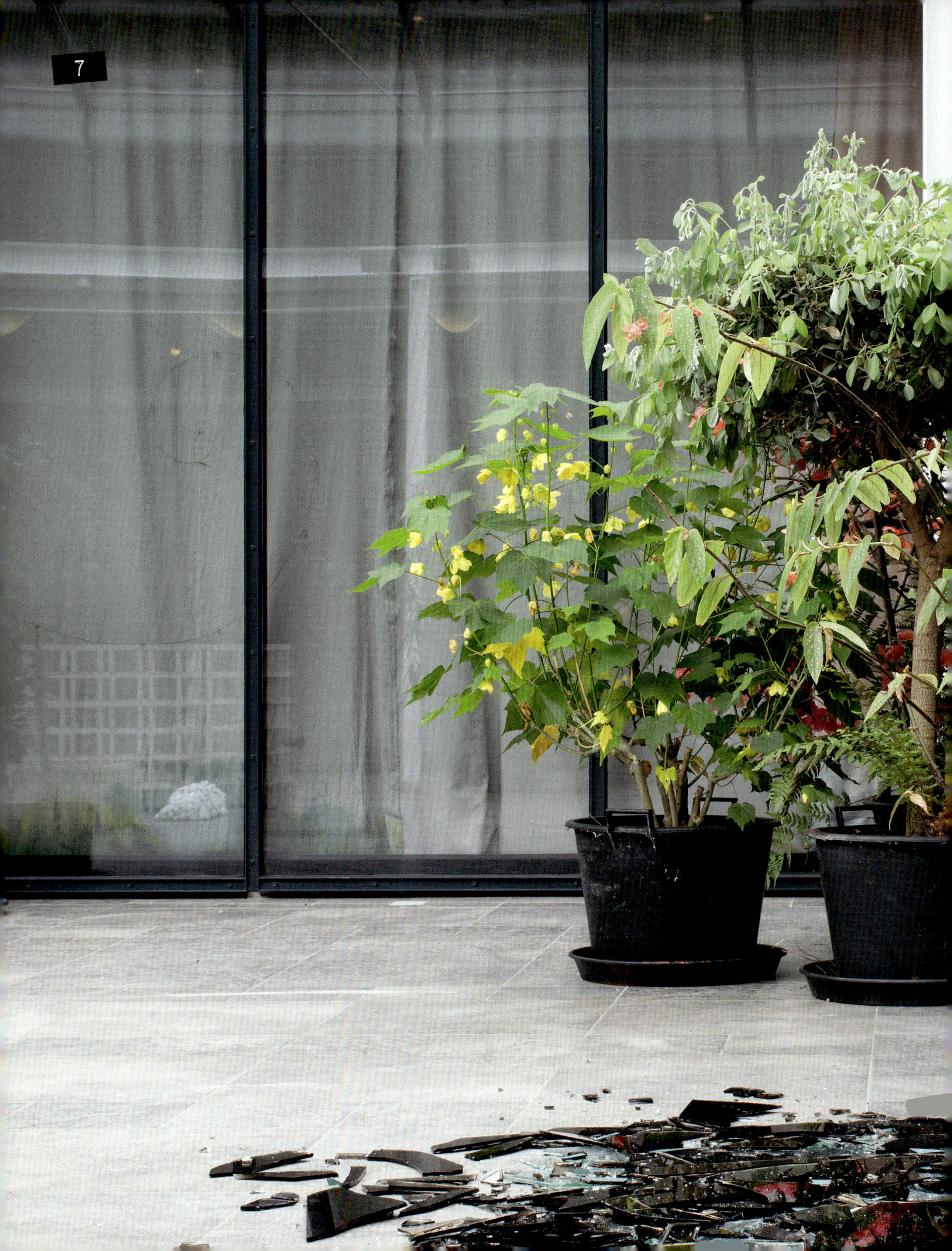

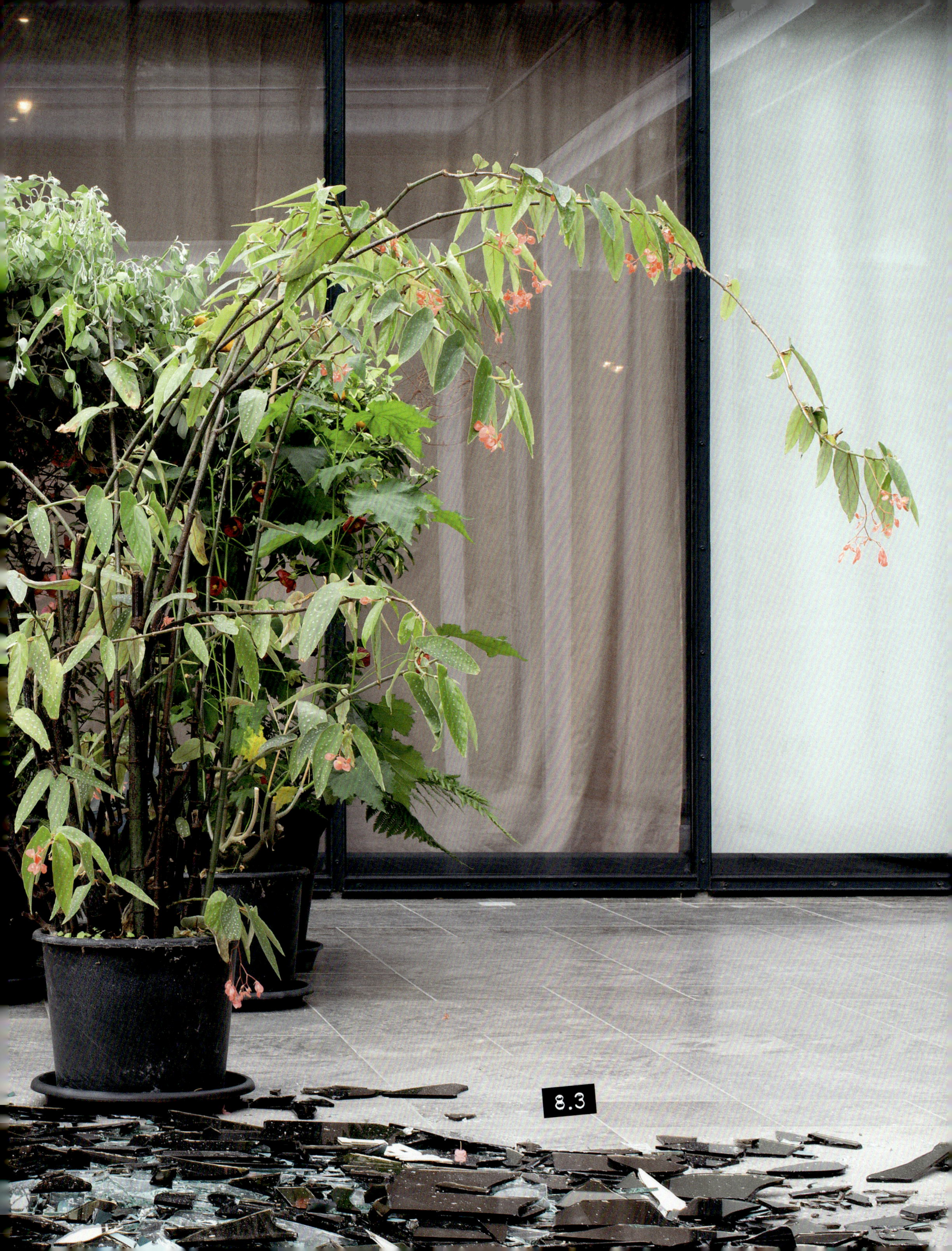
8.3

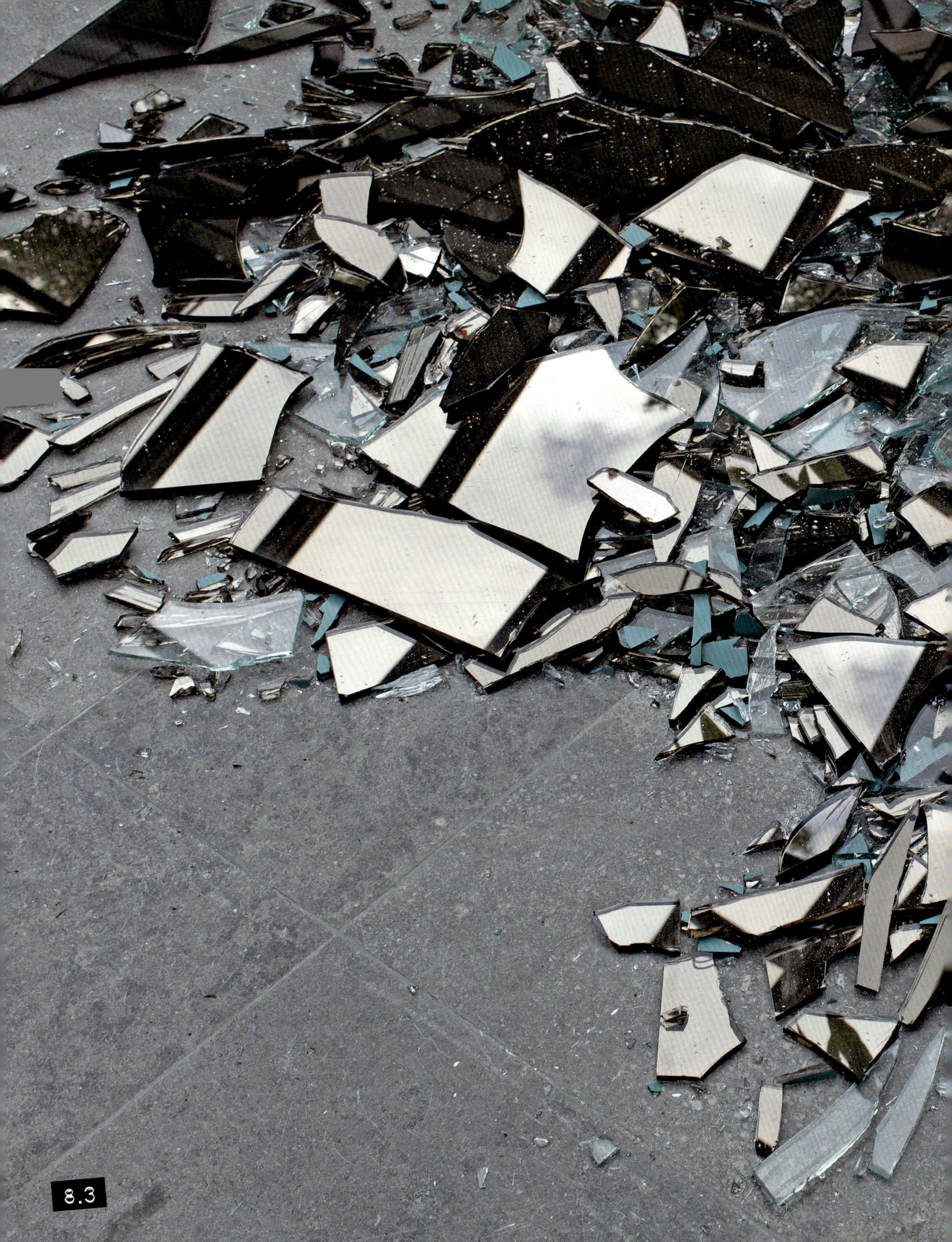
8.3

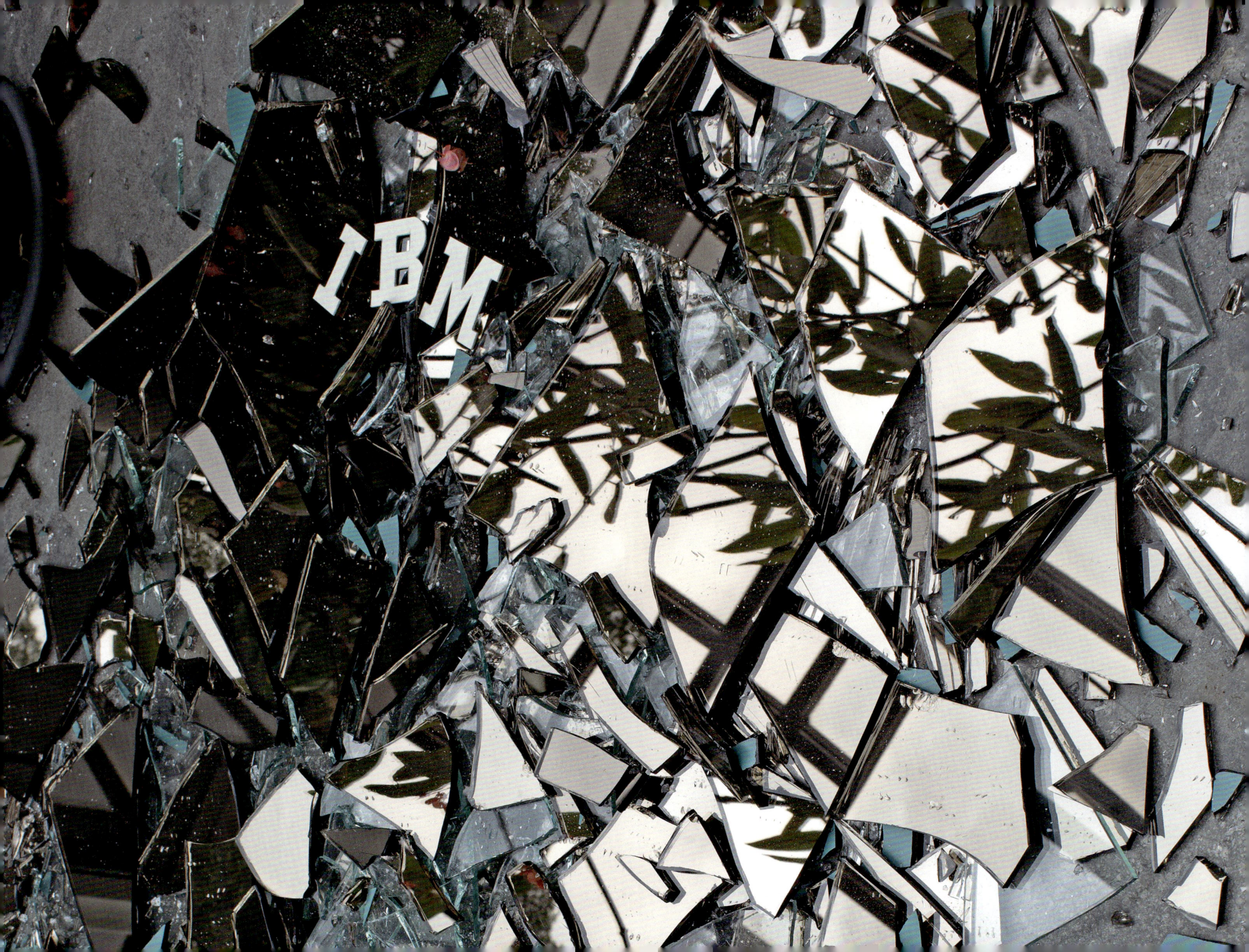

IBM

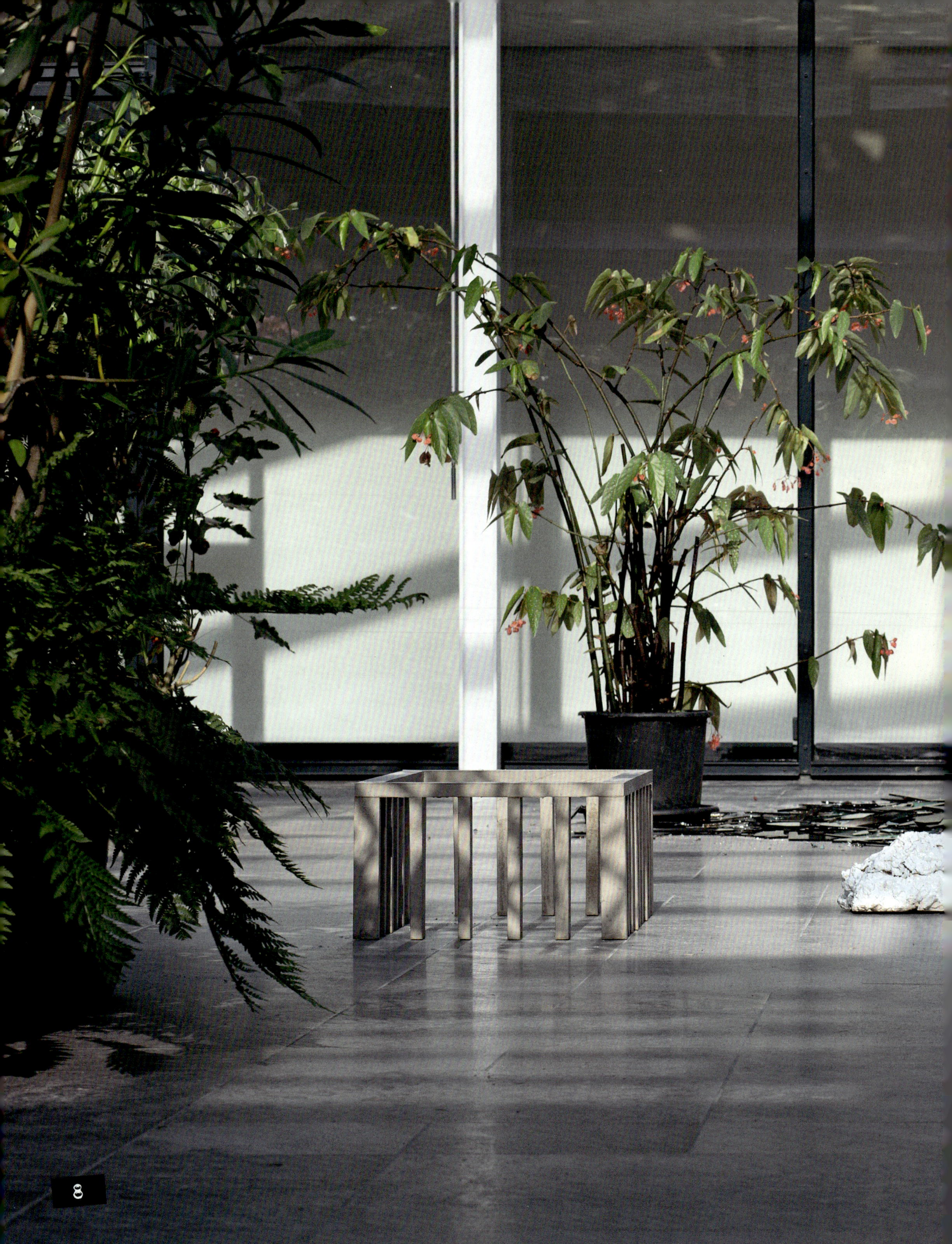

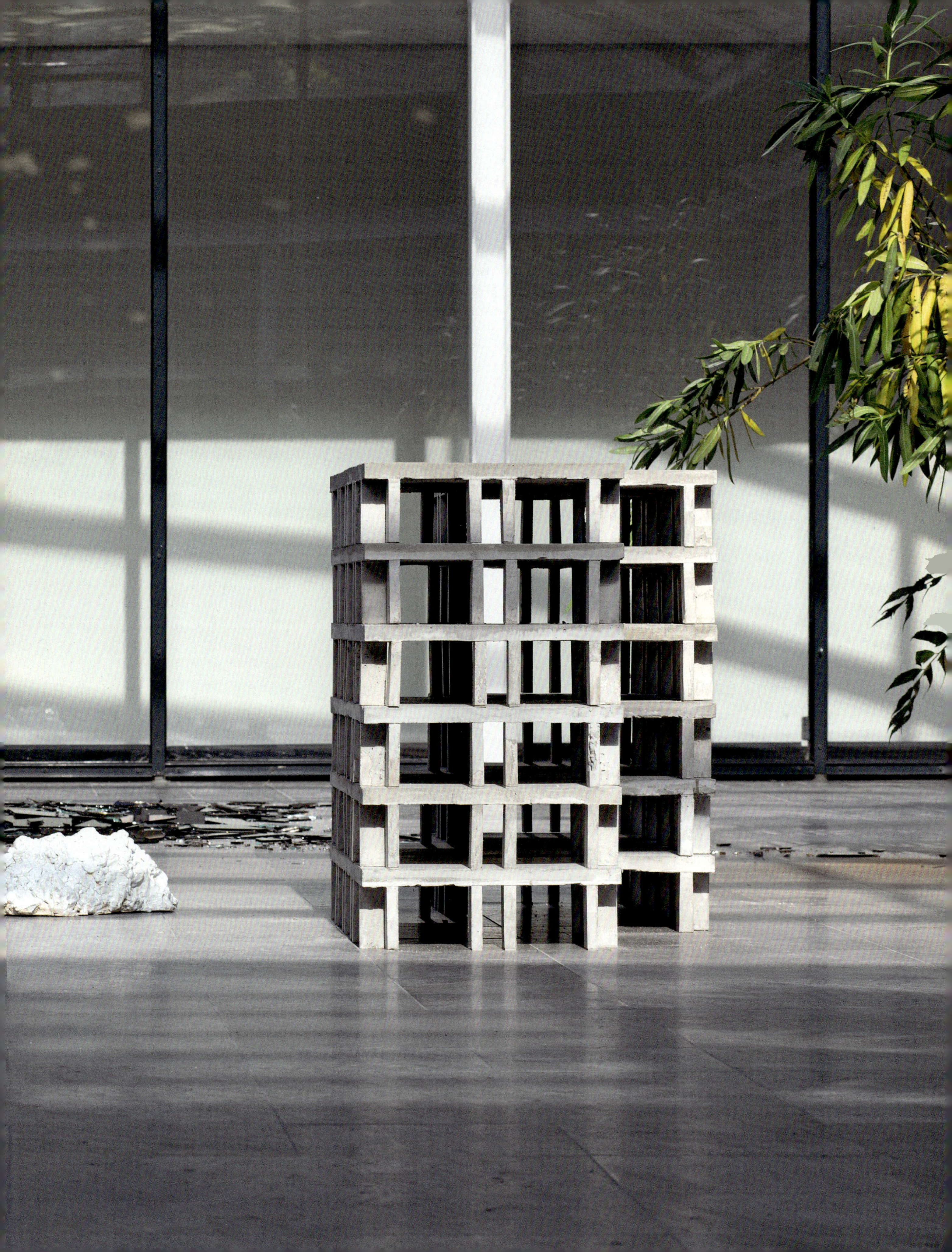

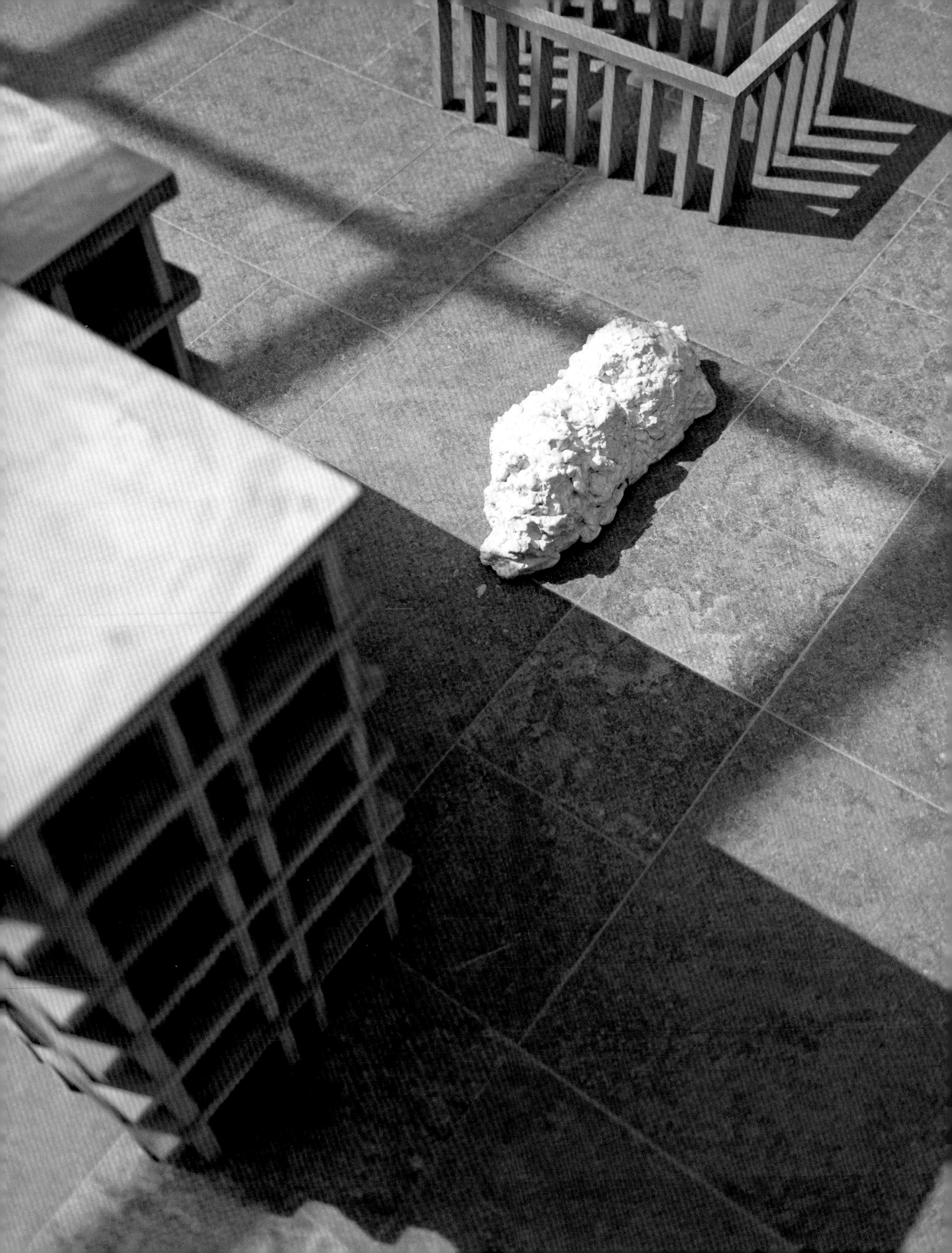

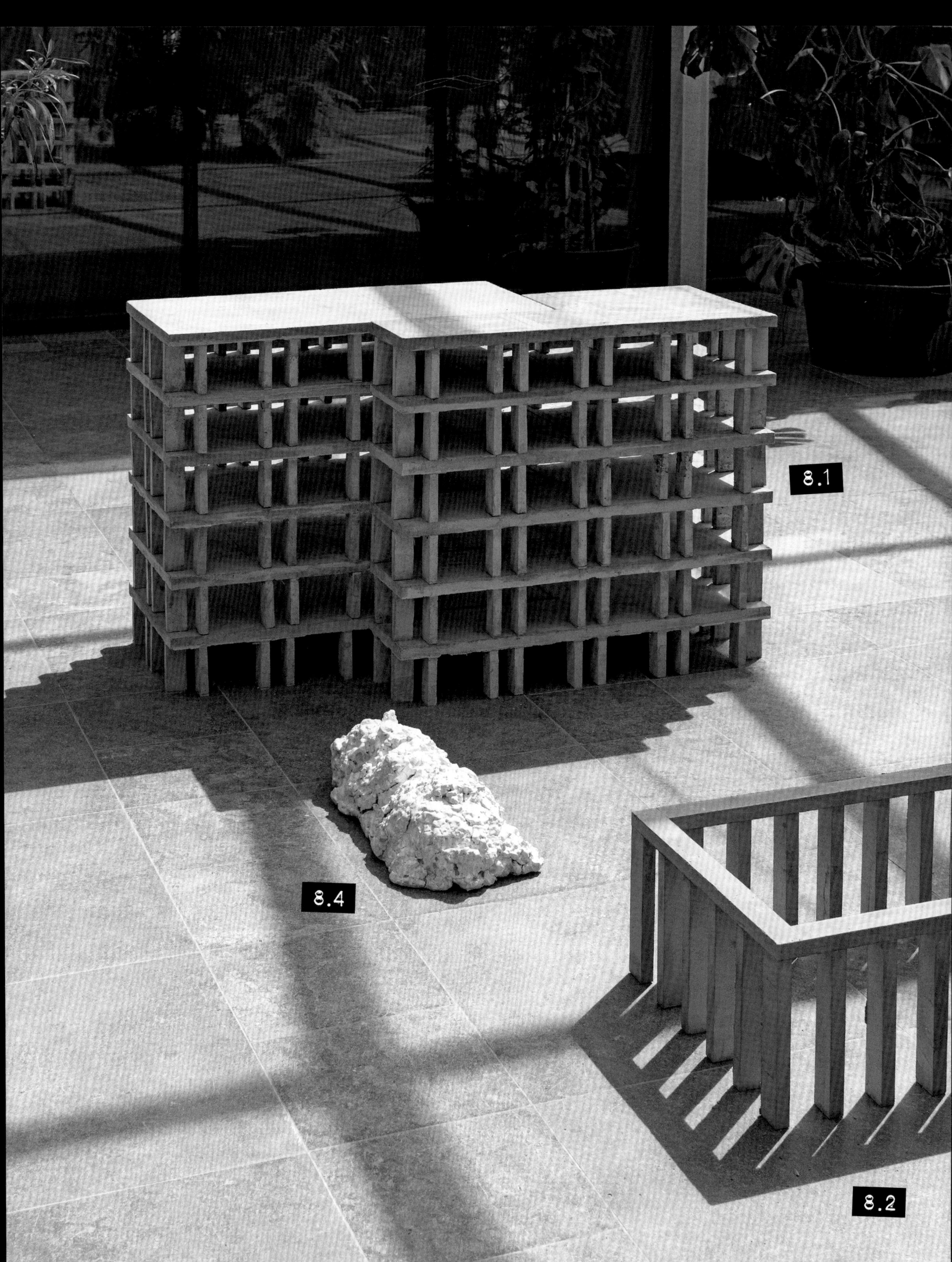

8.1
8.4
8.2

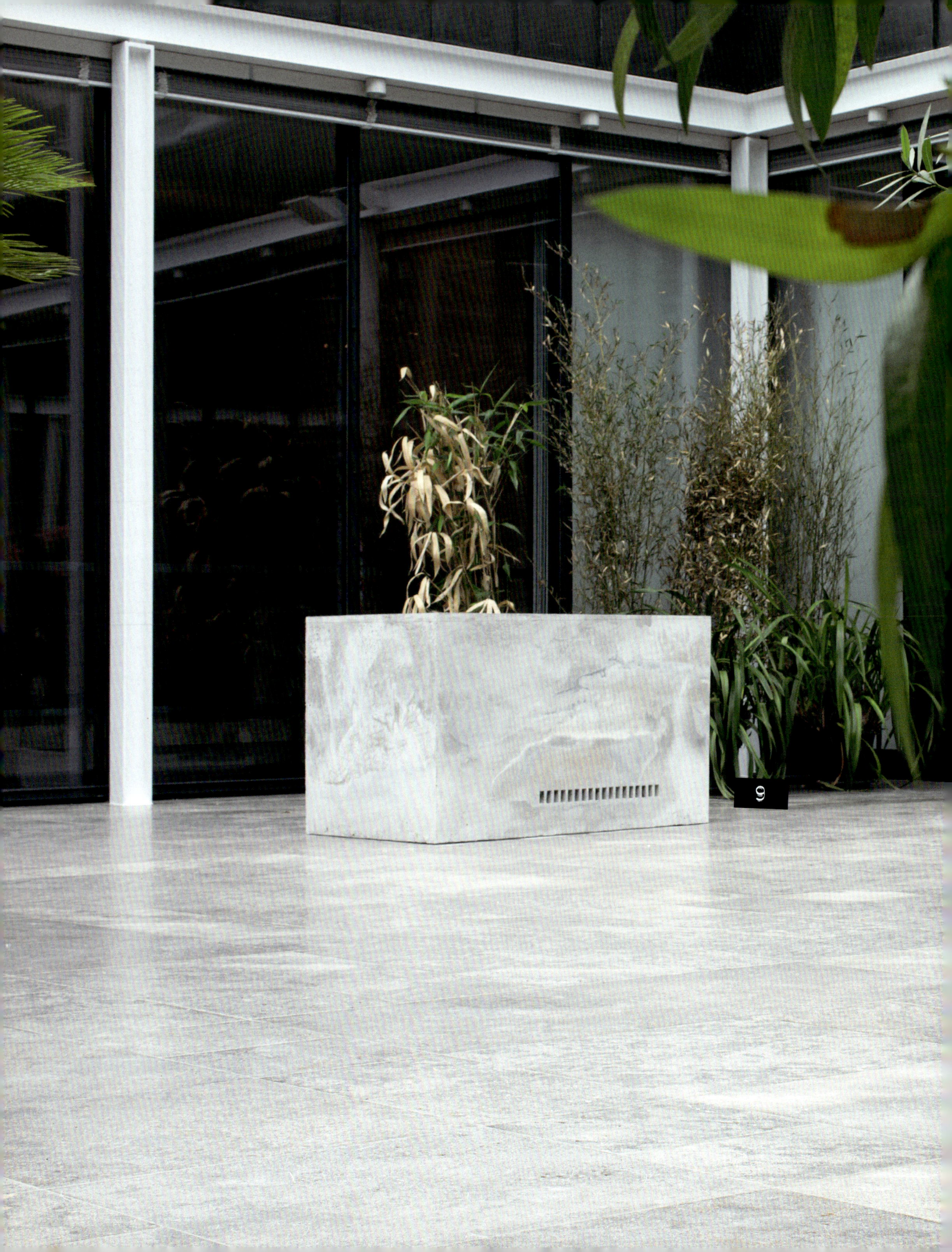
9

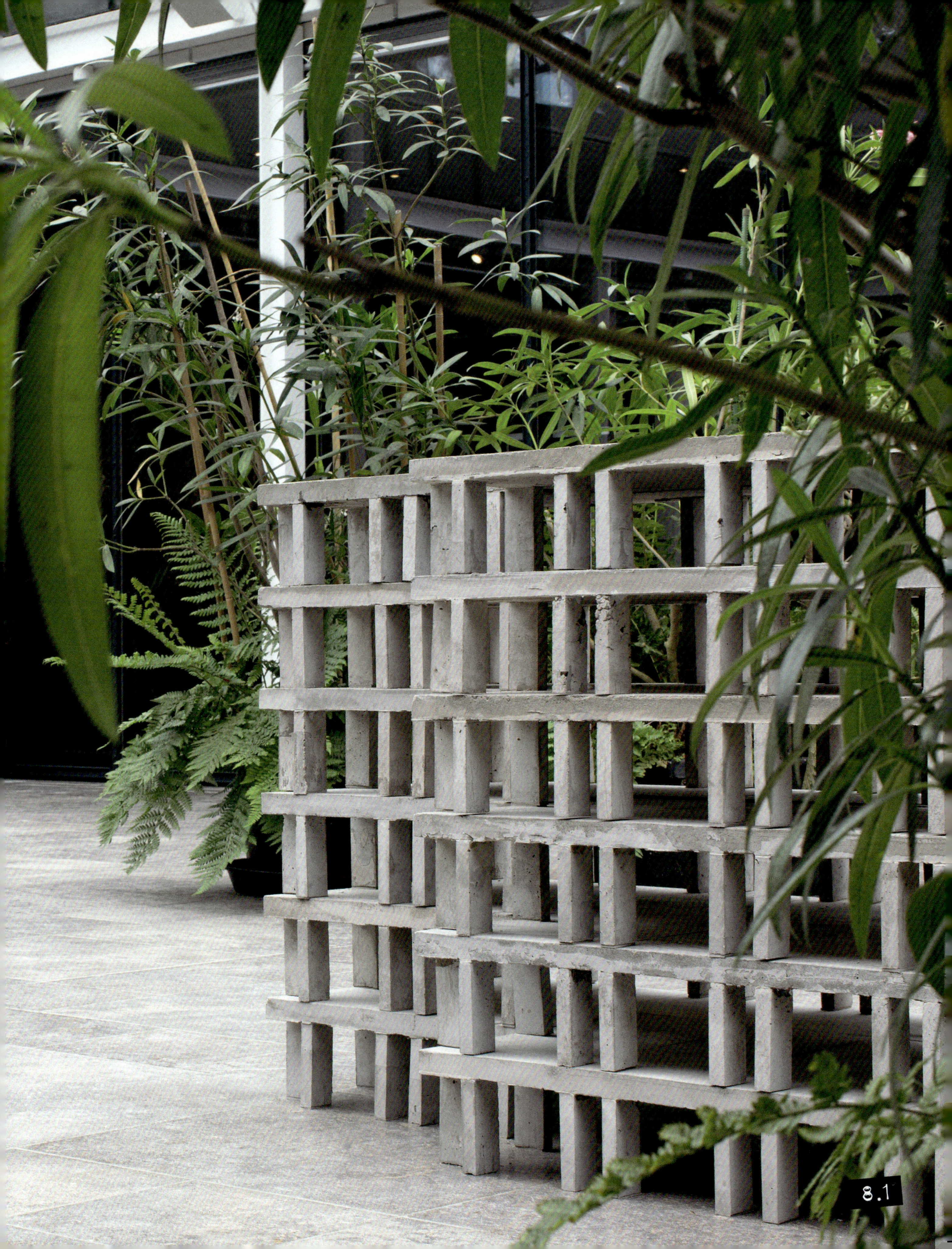
8.1

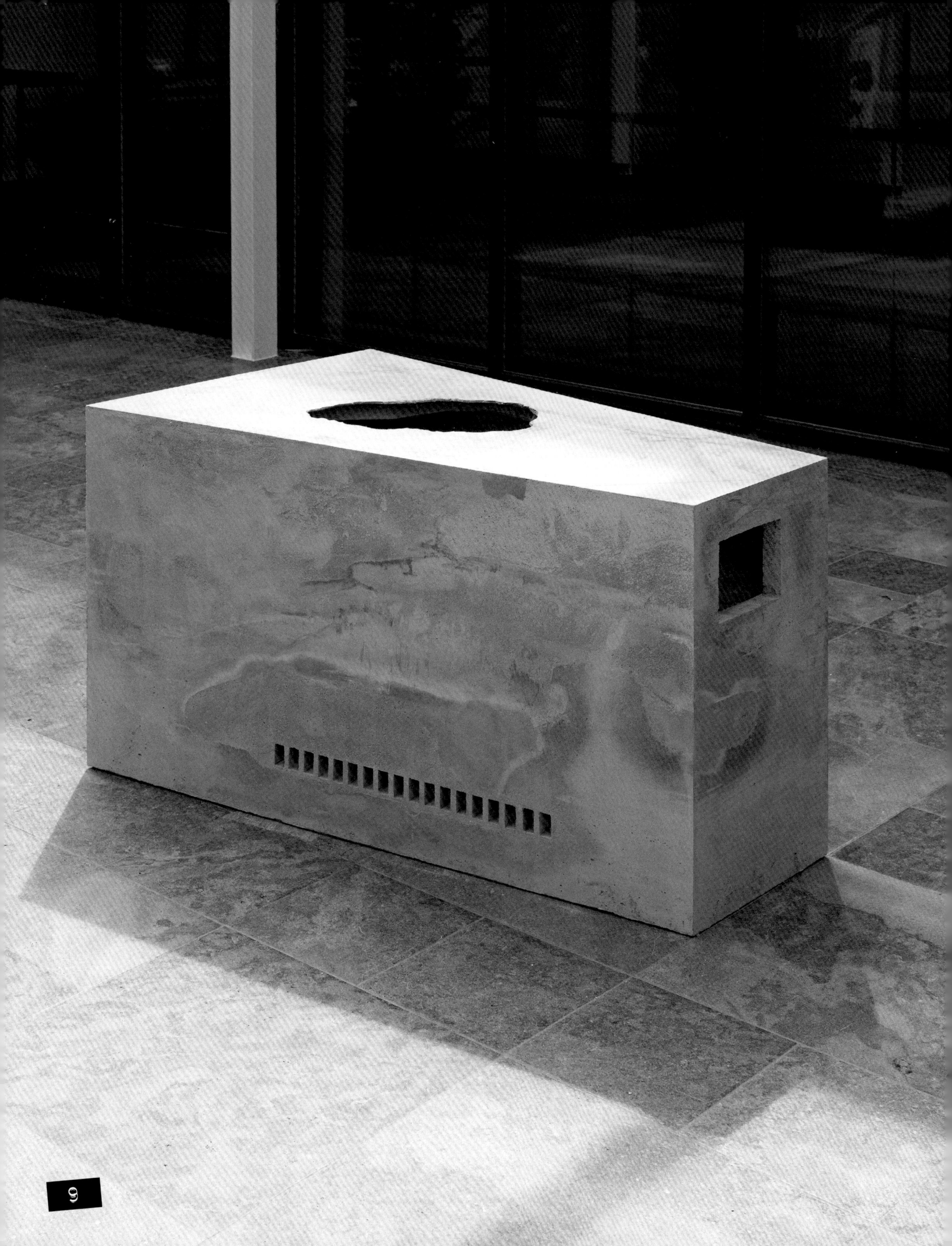

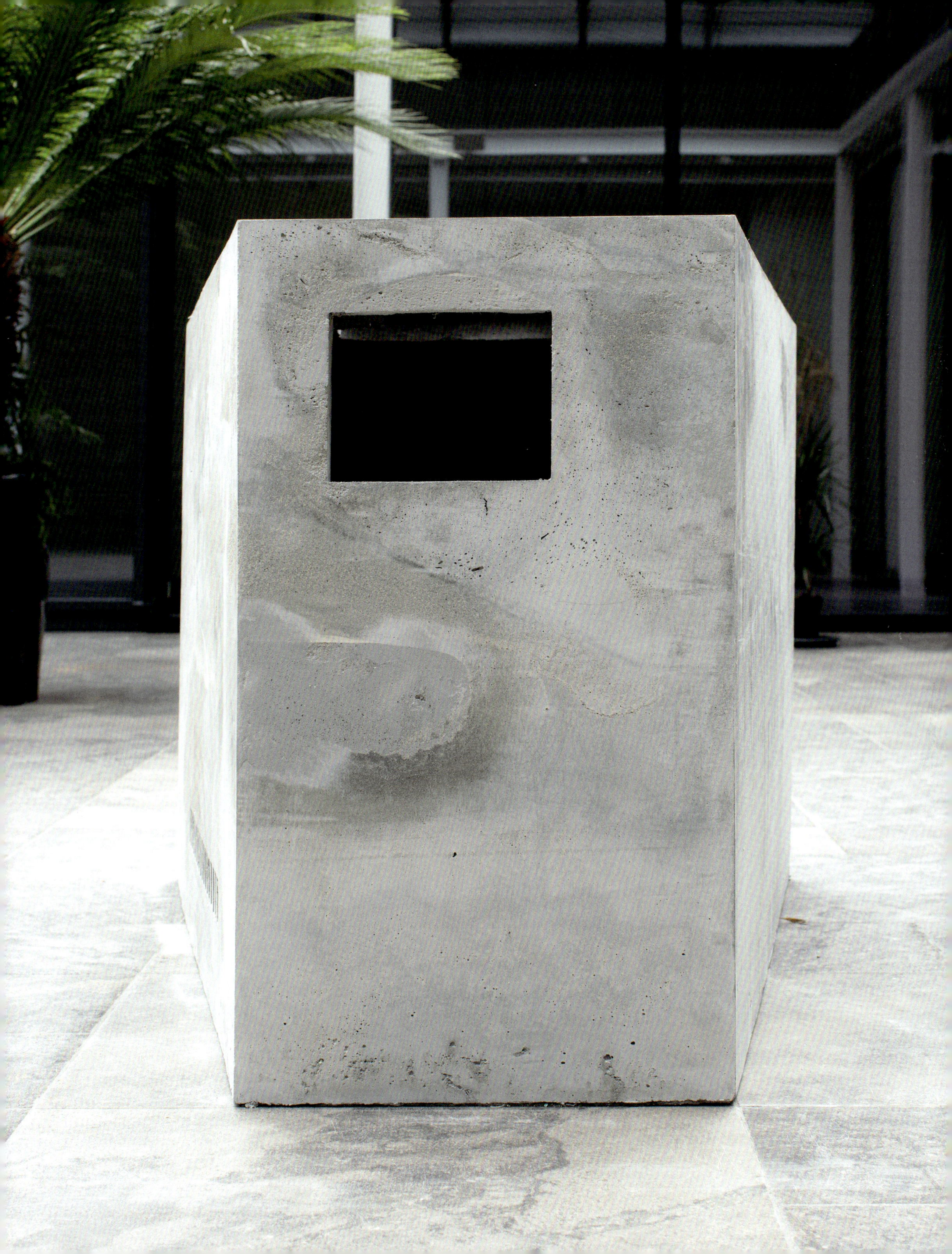

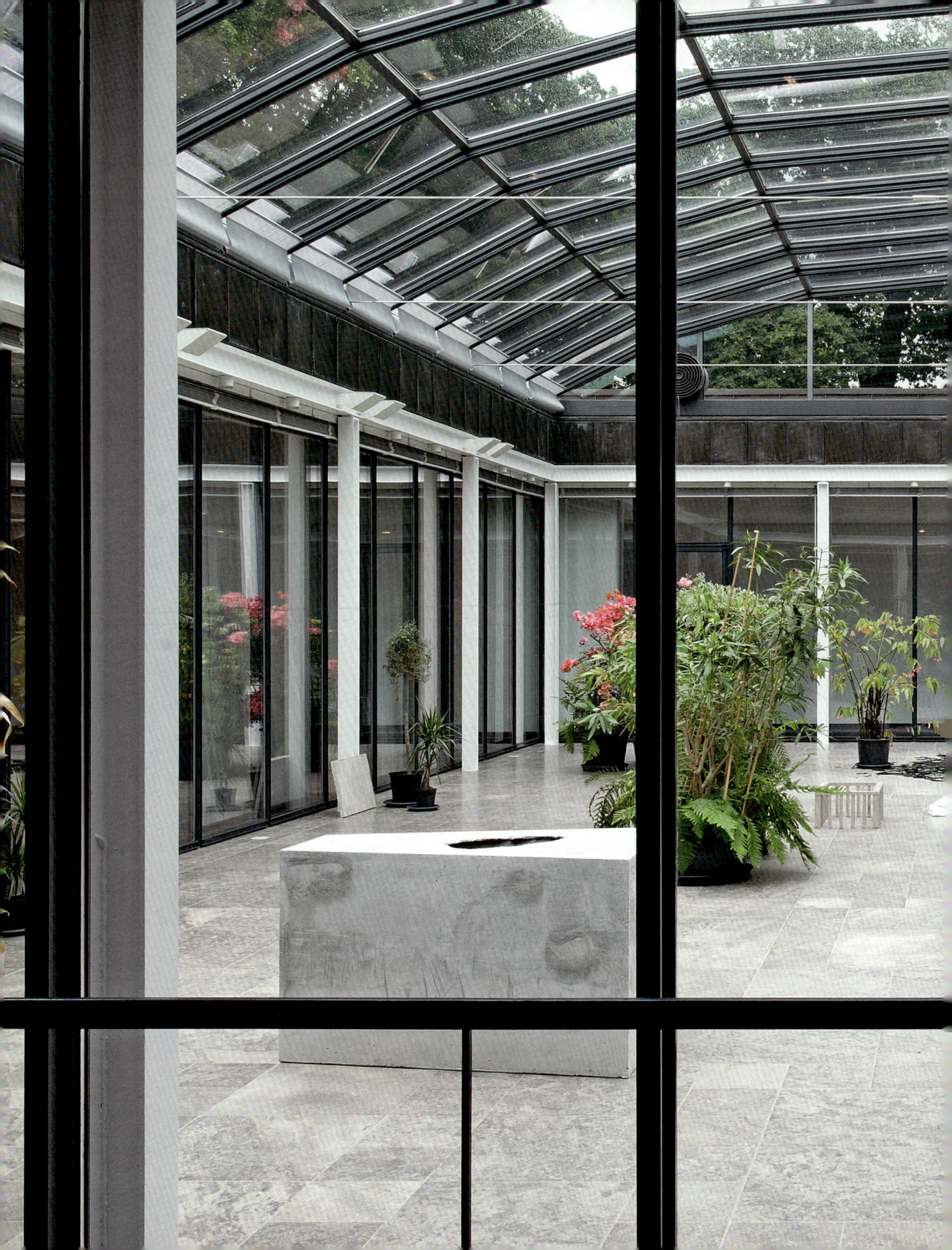

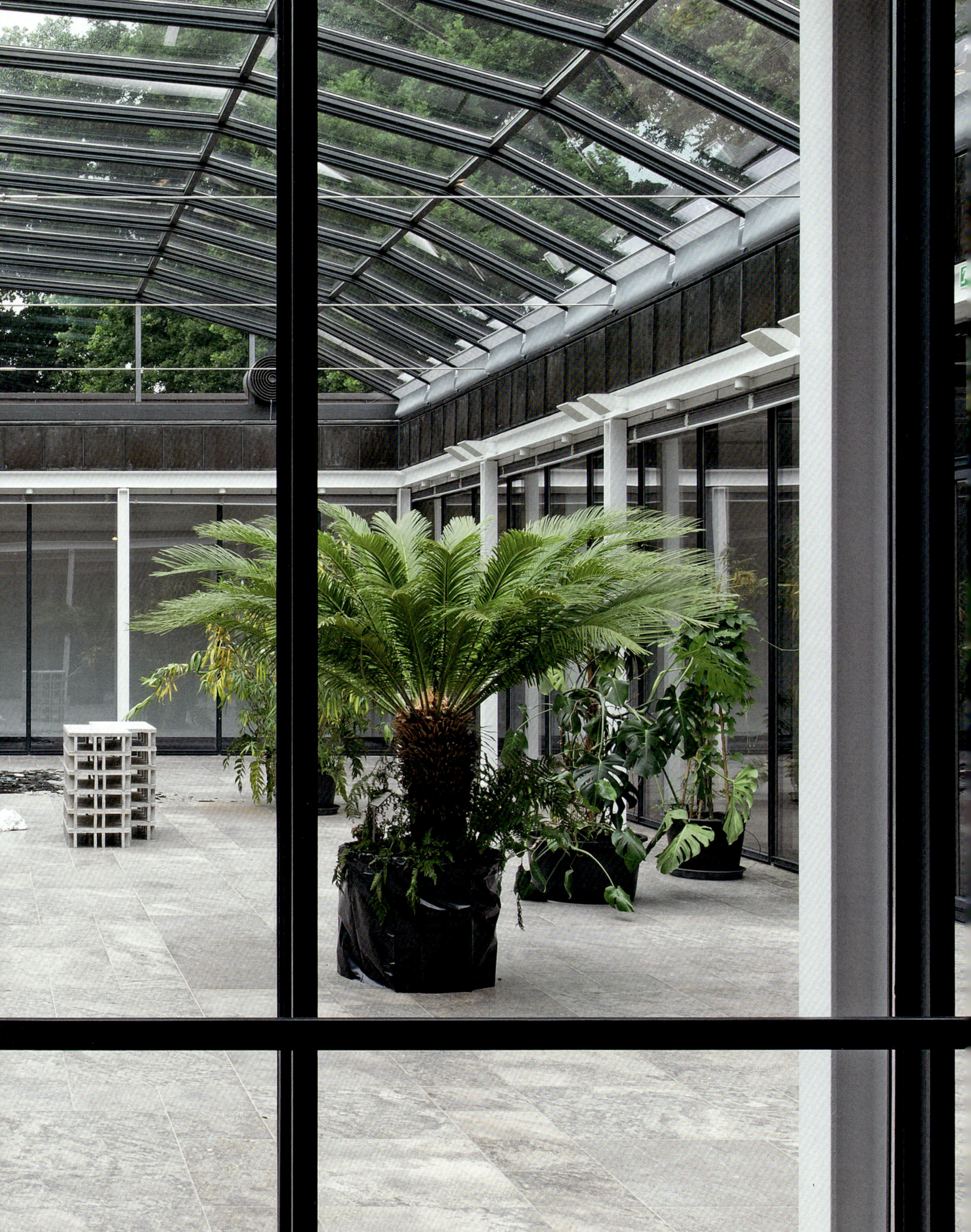

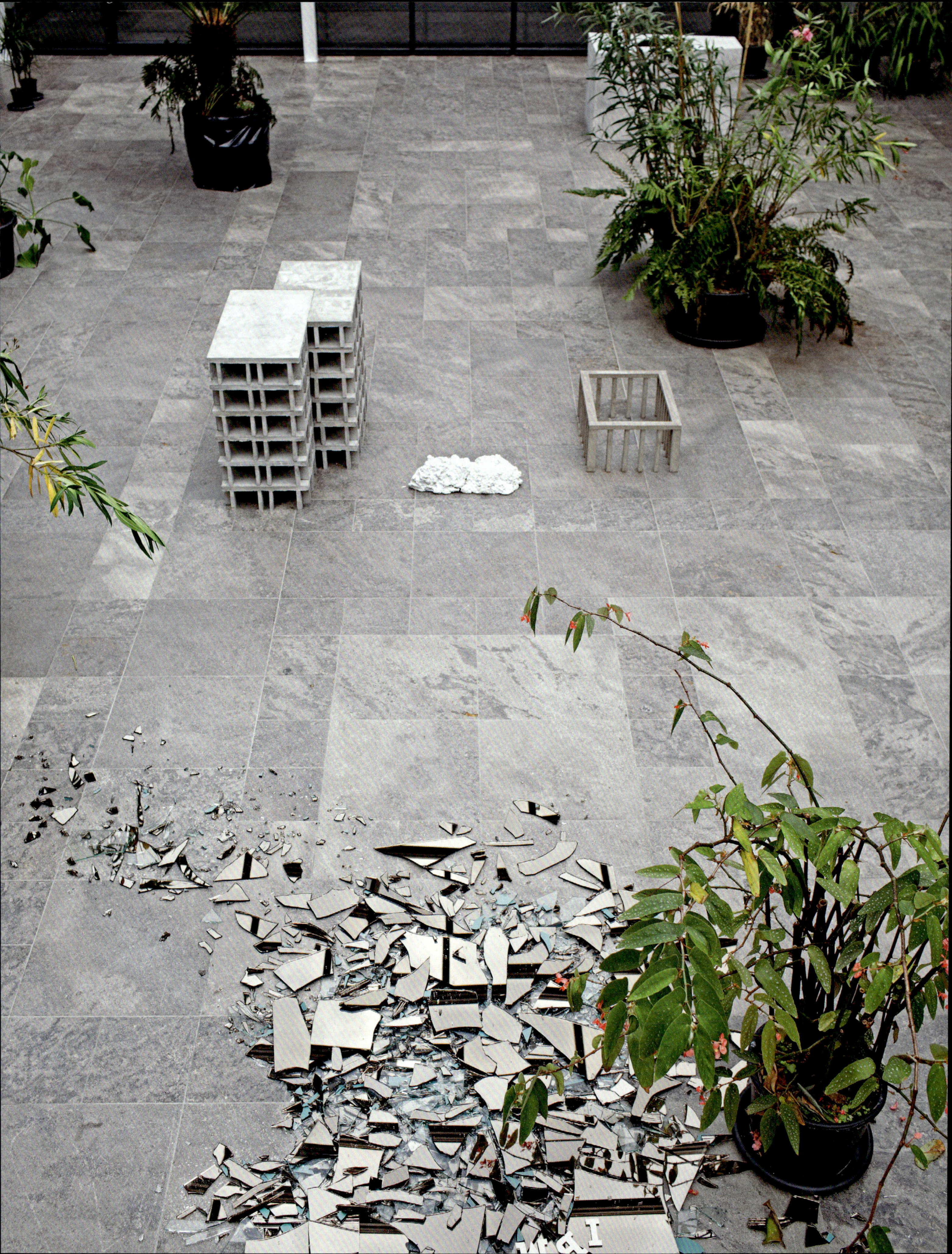

A filigree crystal beneath a shimmering aureola — the Berlin-based artist Isa Melsheimer (*1968) has given her exhibition Need for Contrast, at the Ernst Barlach Haus in Hamburg, a remarkably delicate, poetic opening. The thread-work Circle / Star **1**, which enters the space like a column of light from a round opening in the ceiling, and the sculpture Luckhardt 3 **2**, an assemblage of small glass plates, create an atmosphere of weightlessness. In its spaceship-like outline, Luckhardt 3 goes back to a theatre designed by the architect Wassili Luckhardt in 1921; Isa Melsheimer created the object in 2009 as a response to the architectural utopias of the artistic correspondence known as the Crystal Chain. Now this sparkling starship announces a journey back to the future. Ready for take-off.

- - - - - - - - - -

Isa Melsheimer explores urban living spaces and the prerequisites for their design and change. She is equally interested in the formal vocabulary of modern architecture, urban-planning scenarios and the dynamics of social tension. Often responding to the specific sites of her exhibitions, Melsheimer creates complex spatial installations with surprising leaps in scale, changes of perspective and material contrasts — Post-modern Ruin **13** applies her strategy of pointed polarisation in a combination of fine porcelain parakeets and a crude concrete pedestal. Along with sculptures in glass, concrete or ceramic, her model-like setups also include embroidered curtains, arrangements of collected objects or ensembles of living plants. The sculptural work is accompanied by gouaches in which quotations from art, architecture, design and pop culture overlap and interfuse.

The imaginative variety and wide intellectual range that Isa Melsheimer can open up in real spaces is shown in her exhibition Need for Contrast, whose title quotes the architect of the Ernst Barlach Haus, Werner Kallmorgen (1902—1979). In his "need for contrast", Kallmorgen saw a basis for the design, observation and experience of buildings, and Melsheimer, who has borrowed the term for her exhibition, feels it to be a basic motivation of her artistic work. Her installations set up collision courses which lightly disturb and energise things, shifting and readjusting our point of view — and suddenly illuminating the fact that even firmly established circumstances are ultimately created by ourselves and can thus be altered.

Isa Melsheimer takes Kallmorgen's plea for contrast as the starting point for artistic excursions into the architectural and urban culture of Hamburg. Apart from the Ernst Barlach Haus, which opened in 1962, she wittily trains her sights on more of Kallmorgen's striking buildings, sounding out their functional architecture and sometimes dysfunctional history.

- - - - - - - - - -

Melsheimer's exhibition tour covers two spaces: the atrium and the large exhib-ition hall on its north side. While the latter space, with its skylight niches and stone landings, is an originally preserved creation of Werner Kallmorgen, the atrium was fundamentally altered in 1995/96: the formerly open-air courtyard substantially forfeited its original character through the addition of a glass roof and a light stone floor. In the juxtaposition of her two exhibition spaces (between which a facade of windows enables visual relationships and interplay) Melsheimer addresses the issue of different temporal horizons: buildings are redesigned and turn out, in their transformation, to be indicators of changes in human needs and social values.

In Hamburg eloquent proof of such changes is provided by some of Werner Kallmorgen's buildings, which Isa Melsheimer arranges in the atrium in the form of concrete models: his Kaispeicher A **9**, built between 1963 and 1966, and the ensemble of the Spiegel and IBM Towers **8.1** – **8.3**, constructed from 1966 to 1969. Melsheimer followed the history of these buildings with great interest, and has them appear several times in a sequence of 27 small-format photographic prints **6**. While the imposing Kaispeicher A **6** [pictured 19, 26, from left to right] has been transformed into the pedestal for a new prestigious landmark, and now – gutted and refilled – serves as the foundation for Herzog & de Meuron's Elbphilharmonie **6** [20], the Spiegel ensemble, after the news magazine moved to the HafenCity **6** [8, 9] and following several years of ruinous vacancy **6** [10], is currently being converted into the apartment hotel Hamburg Heights ("Arrive at the top!") for solvent business people **6** [4, 6, 22] – a remarkable change in function for the former headquarters of critical left-wing journalism.

Kallmorgen's post-war classics as current points of political crystalisation and urban friction, as objects of social transformation: Isa Melsheimer has a marked talent for searching out controversial phenomena and illuminating connections, and then weaving them into a tightly linked artistic network. Here she begins in the courtyard of the Ernst Barlach Haus, which thanks to its glass roof frequently provides an opportunity to experience the Hamburg summer in an unfamiliarly Caribbean mode. Melsheimer uses this potential to style the atrium as an exotic tropical greenhouse in which Kallmorgen's large buildings face an entropic future. The evocatively luxuriant and alarmingly austere staging of concrete skeletons and remnants of glass, through which the visitor wanders like Gulliver in Lilliput, encapsulates the motto Isa Melsheimer has chosen to supplement her borrowed exhibition title: "Back to the future – elimination of error."

Pile of Snow **8.4** gives an absurd accent to the surreal atmosphere of this overheated apocalyptic scenario. The object in glazed ceramic that Melsheimer has placed at the heart of the Spiegel ensemble is in no way indebted to an inclination towards artistic distortion, but on the contrary to particular faithfulness to sources: in one of the most famous photographs of the Spiegel compound **6** [23], which Melsheimer studied closely for her research, a pile of snow becomes a secret protagonist; its amorphous form asserts itself in the strictly gridded setting, and attenuates the apodictic sharpness of this photographic homage to the right angle.

– – – – – – – – – –

Isa Melsheimer considers Kallmorgen to be a pioneering builder in his precise, functional formal language, and she is impressed by his architectural self-conception. In his reserved, indeed servient attitude to his commissions he almost seems to come from another planet in today's era of spectacular ego-architecture. Melsheimer's appreciation of Kallmorgen becomes apparent in the exhibition. For example, she has chosen to use the original furniture he designed for the Ernst Barlach Haus as the basis and diving board for her artistic journeys through time. Along with four showcases she uses a large square table which – as shown by a

historical photograph from the opening year of 1962 **6** [12] — enthroned a massive
glass ashtray. Melsheimer takes this object as the starting point for imaginary
journeys into the past — symbolising as it does an astonishingly permissive (at
least in the matter of smoking) society that now, a few decades later, already
seems to be eons away. This society is recalled by other images in the photographic
sequence: round-table political debates, for example with Helmut Schmidt **6** [13, 15],
can be seen alongside a smoking Audrey Hepburn in "Breakfast at Tiffany's" **6** [17],
not to mention a portrait of the smoker Ernst Barlach **6** [16]. Isa Melsheimer has
integrated two of Barlach's early ceramic vessels — "Nöck" and "Merman", from 1903/04
11.1 — **11.2** — into the exhibition; they correspond to her own three ashtray
variations **10.1** — **10.3** on Kallmorgen's table, to which she was inspired by Barlach's
art-nouveau works, but also by the facade of the Spiegel Tower and the undulating
roof of the Elbphilharmonie **6** [20].

The clever marketing strategies currently being used to advertise the luxury flats
in the Elbphilharmonie are presented in the table showcase <u>Modern Times</u> **5**. Here
a glossy magazine is held open by a flesh-coloured object like a fork or dowsing
rod. Its anthropomorphic form is taken from the concert hall's futuristic window
panes, which reappear in numerous advertising images **6** [3, 21]. Alongside this
insight into a sleek, elegantly hypothermic future world (for which a little army
of troublemaking origami animals has struck out), the February 1969 cover of the
"Spiegel" magazine points to urban-planning conflicts in its title story, "Spoiling
the future. Housing in Germany". In the same issue the publisher announces its
move into the recently completed Spiegel Tower. On the back page there is an
advertisement for the cigarette brand Ernte 23, produced by the Reemtsma company.
Its director for many years, Hermann F. Reemtsma, first met Ernst Barlach in 1934,
and in 1961 commissioned Werner Kallmorgen to build a museum for the artist's work
in the Jenischpark. A chain of associations comes full circle.

- - - - - - - - - -

The fantastical excursions in which Isa Melsheimer interleaves apparently disparate
phenomena as seamlessly as she thread-morphs heterogeneous forms into one another
1, **3** are journeys into the past and future. Accordingly, the Kallmorgen cosmos
is consistently linked to the parallel universes of science, both academic and
popular, the comic and the science-fiction film. All kinds of time-travel theories
and stories, symbols and metaphors from these worlds have been brought into the
exhibition. Melsheimer quotes the butterfly effect, for example — which describes
the incalculable effects of the most insignificant causes in chaos theory and thus
plays a central role in the genre of the time-travel film — first as an embroidered
visualisation of a system of differential equations, formulated by the meteorologist
Edward N. Lorenz in the early 1960s, on the curtain <u>Lorenz Attractor</u> **7.1**, and
second as an elaborate butterfly-shaped network of threads which concentrates
into radiation beams, escapes from the showcase <u>Future Prospect</u> **3** and transforms
itself into a star on the wall. On other curtains, which also allude to the museum's
original décor of light drapes around the inner courtyard **6** [12], Isa Melsheimer
names the physical paradoxes associated with time travel **7.2**, or configures beaded
wormholes, whose contractions of space and time could perhaps make time travel
possible **7.3**. The installation naturally also features curious time machines from
various films — the Cosmic Key from "Master of the Universe", the DeLorean DMC-12
sports car from "Back to the Future" and the whirlpool from "Hot Tub". Together with

a comic version of H. G. Wells's science-fiction classic "The Time Machine" (1895),
Isa Melsheimer gives the cheap plastic merchandise a classy showing in Kallmorgen's
tall purist cabinet **12**.

Stills from all these films are interspersed in the above-mentioned photographic
sequence **6** [2, 7, 14, 18, 27], which is introduced by five gouaches paraphrasing early
Kallmorgen buildings from 1929 to 1931: the Renner Summerhouse in Sierksdorf on the
Baltic Sea **4.1**, the Nordwald House in Hamburg-Osdorf **4.2** – **4.3** and a residential
and commercial building with an illuminated advertising facade of frosted glass
in Altona **4.4** – **4.5**. Isa Melsheimer, however, takes the buildings out of their
historical contexts and carries them off into mysteriously glowing cosmic spaces.
Yet again Need for Contrast enables new connections to be made through looking and
thinking. Ready for take-off.

Karsten Müller

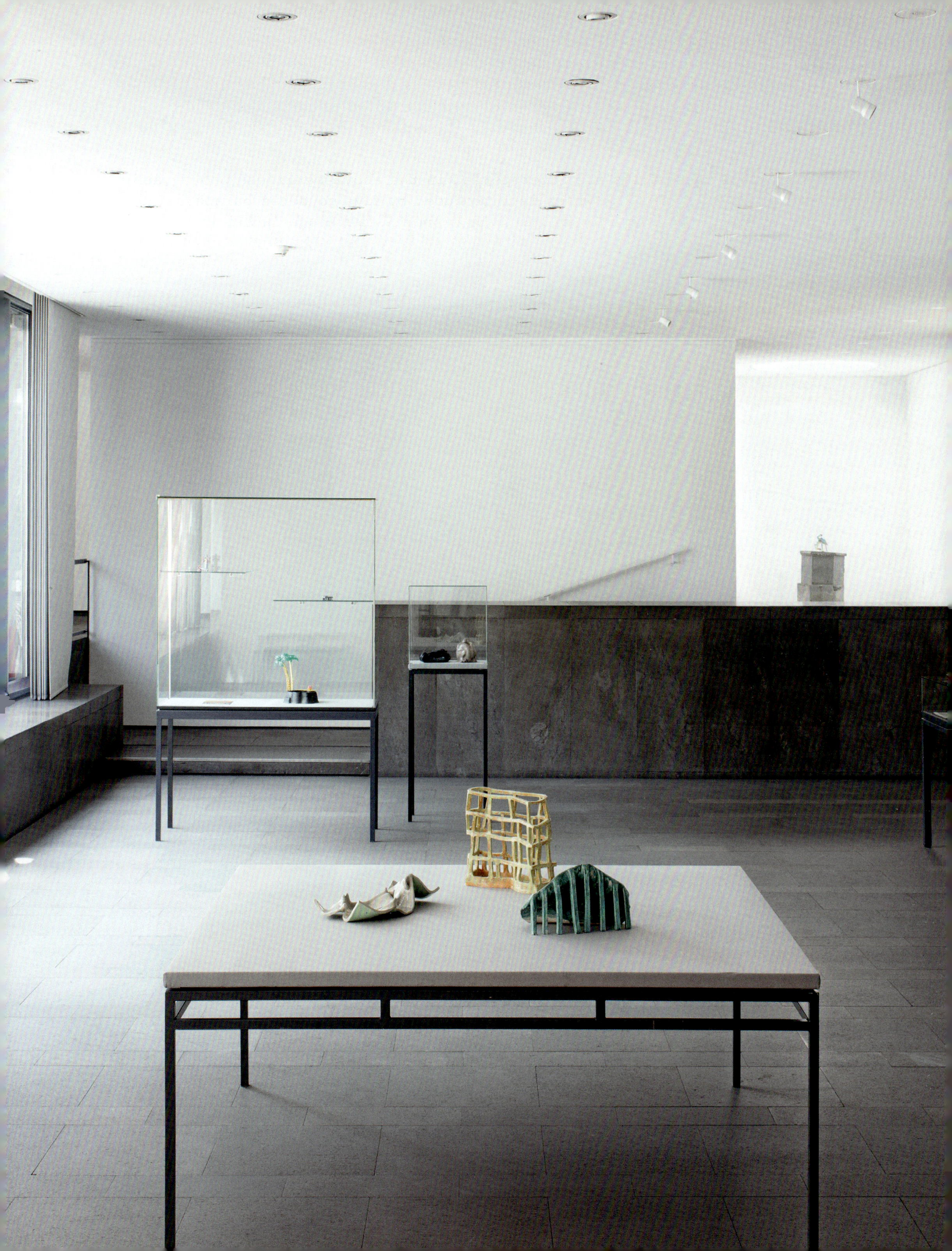

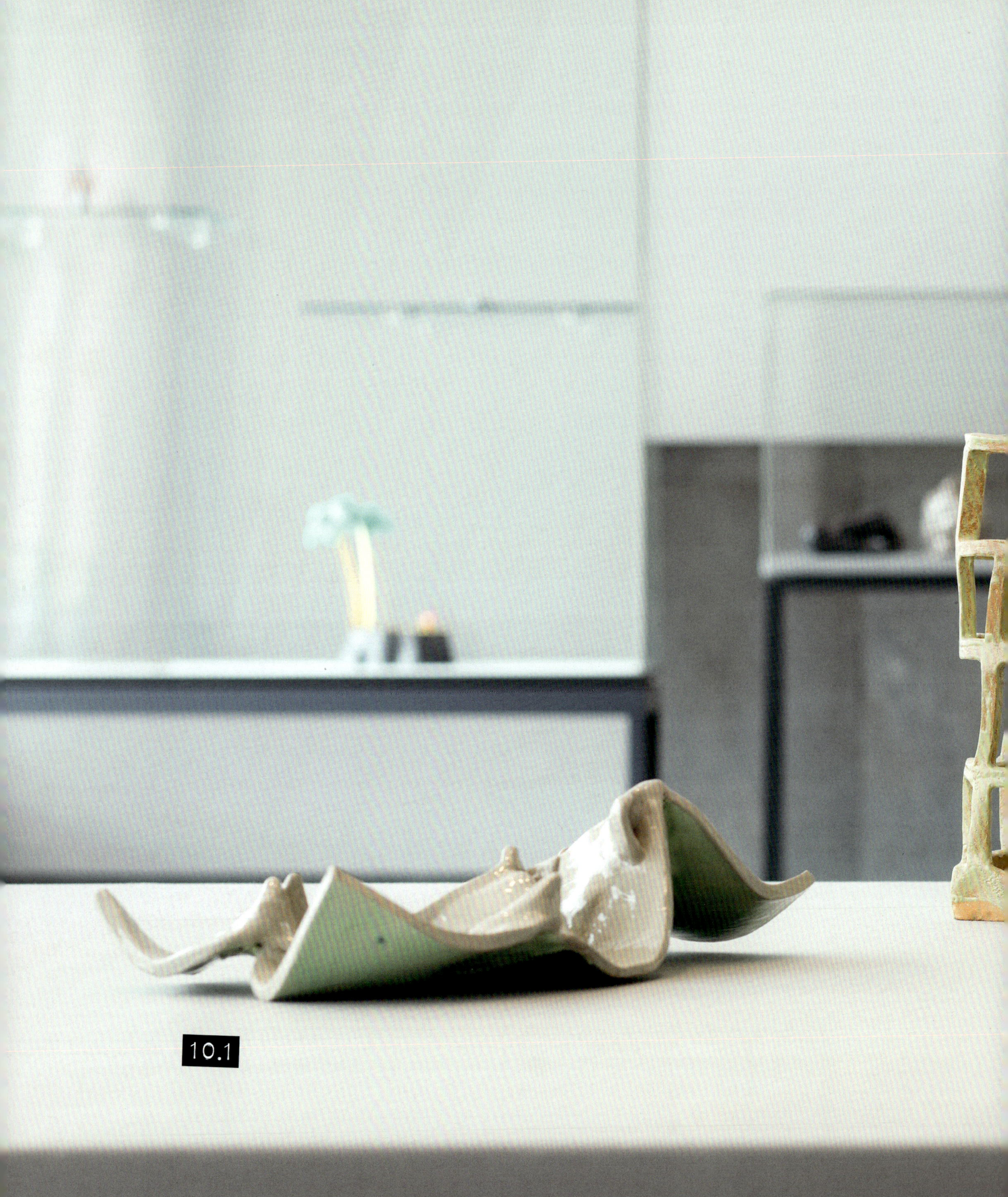
10.1

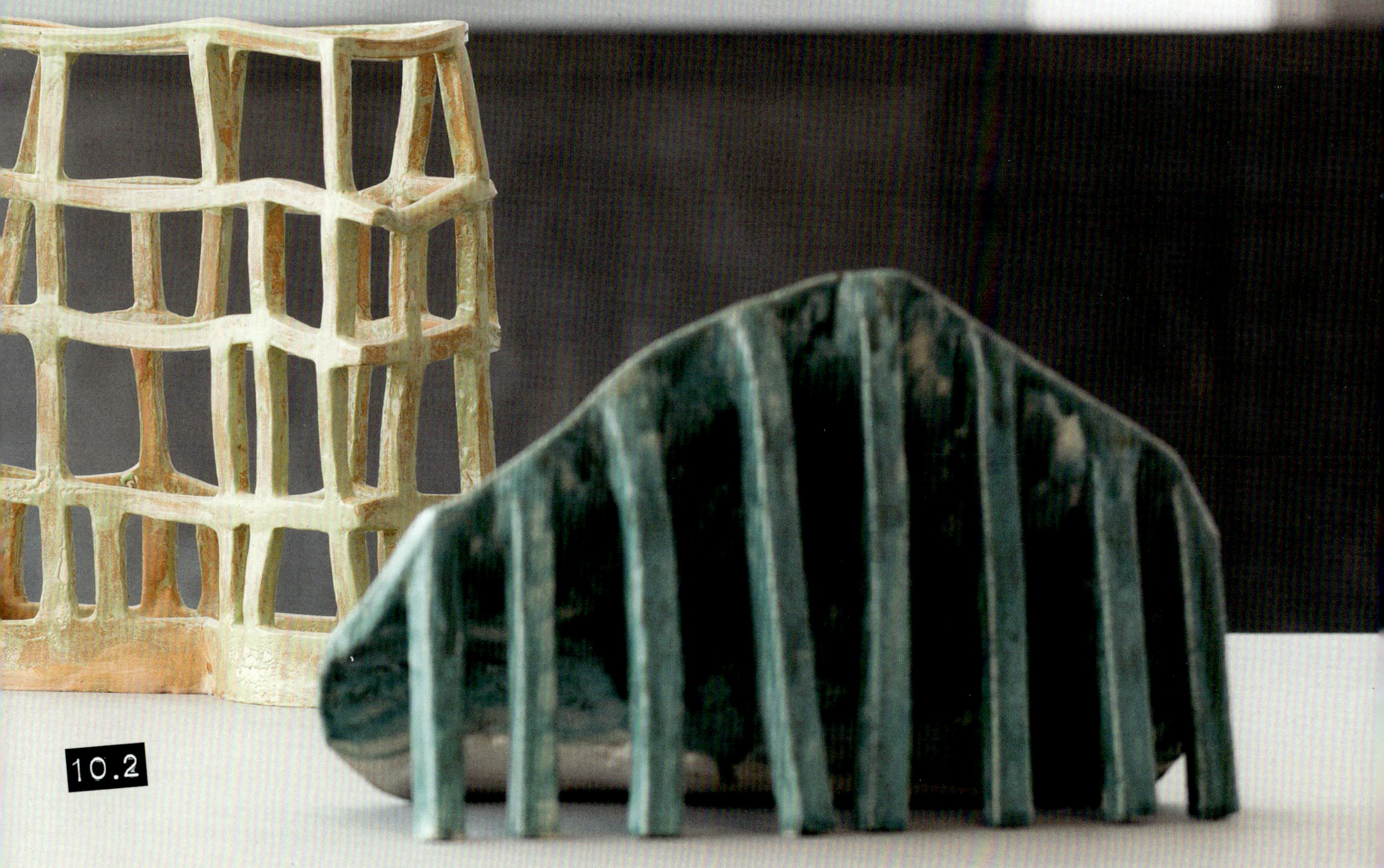
10.2
10.3

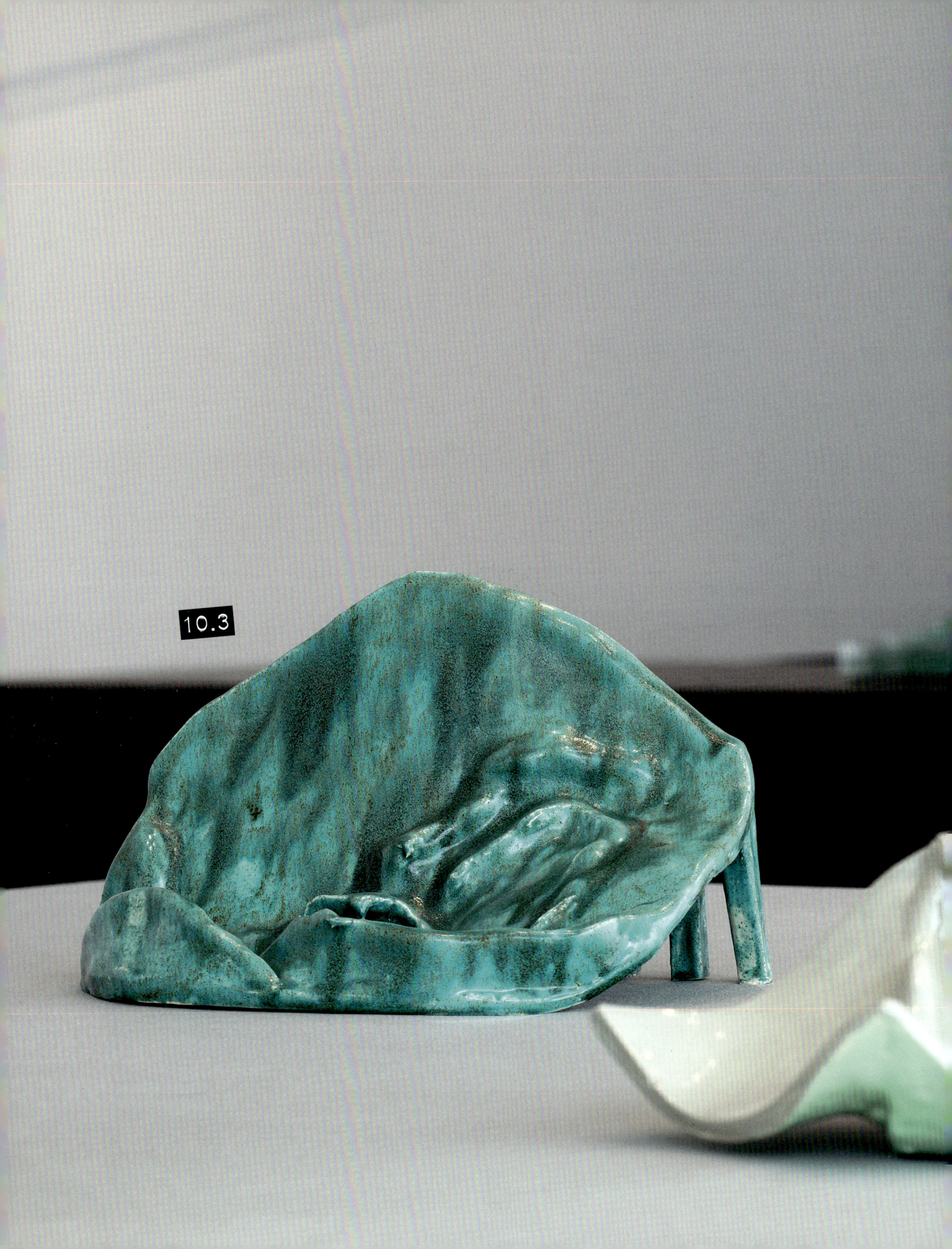
10.3

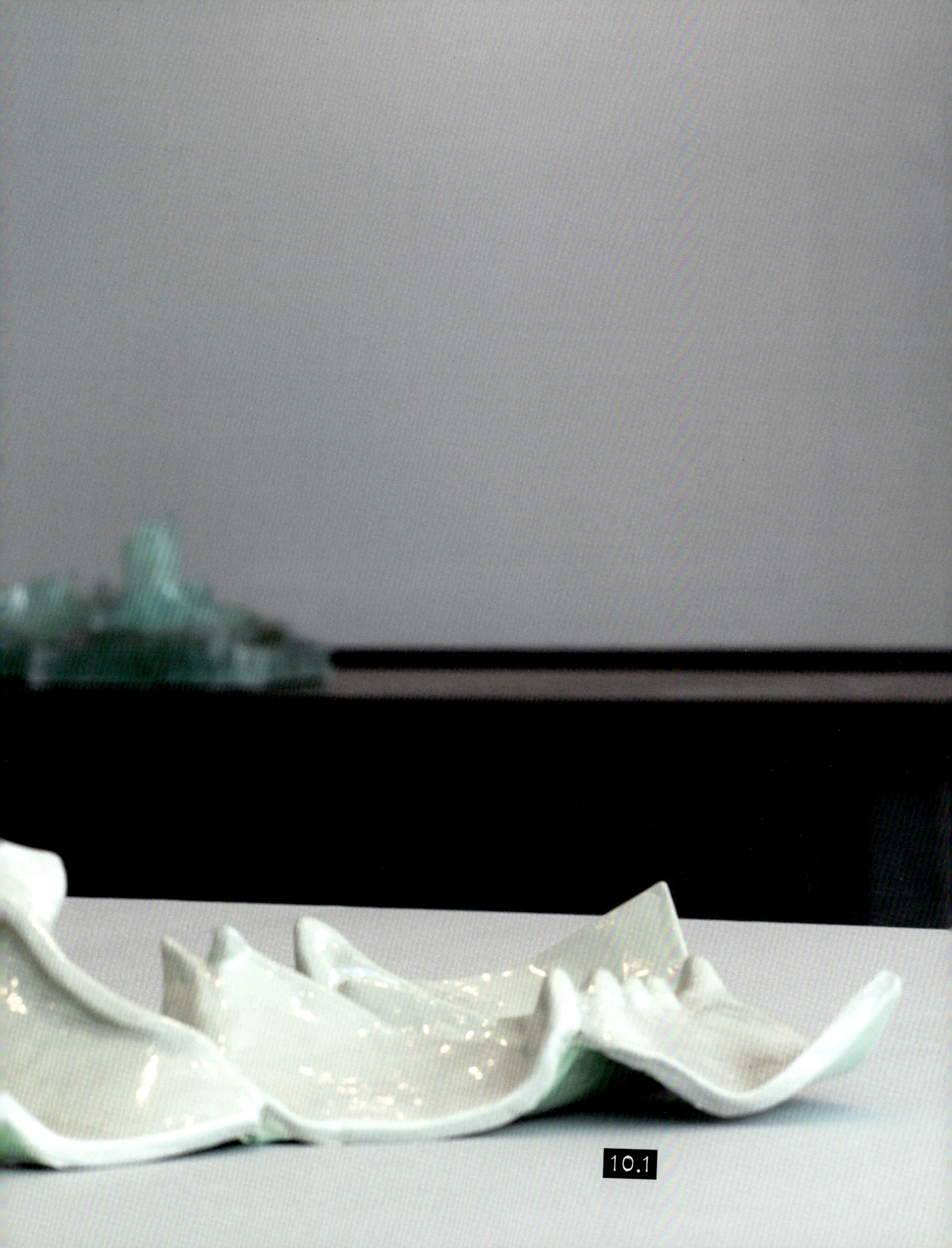
10.1

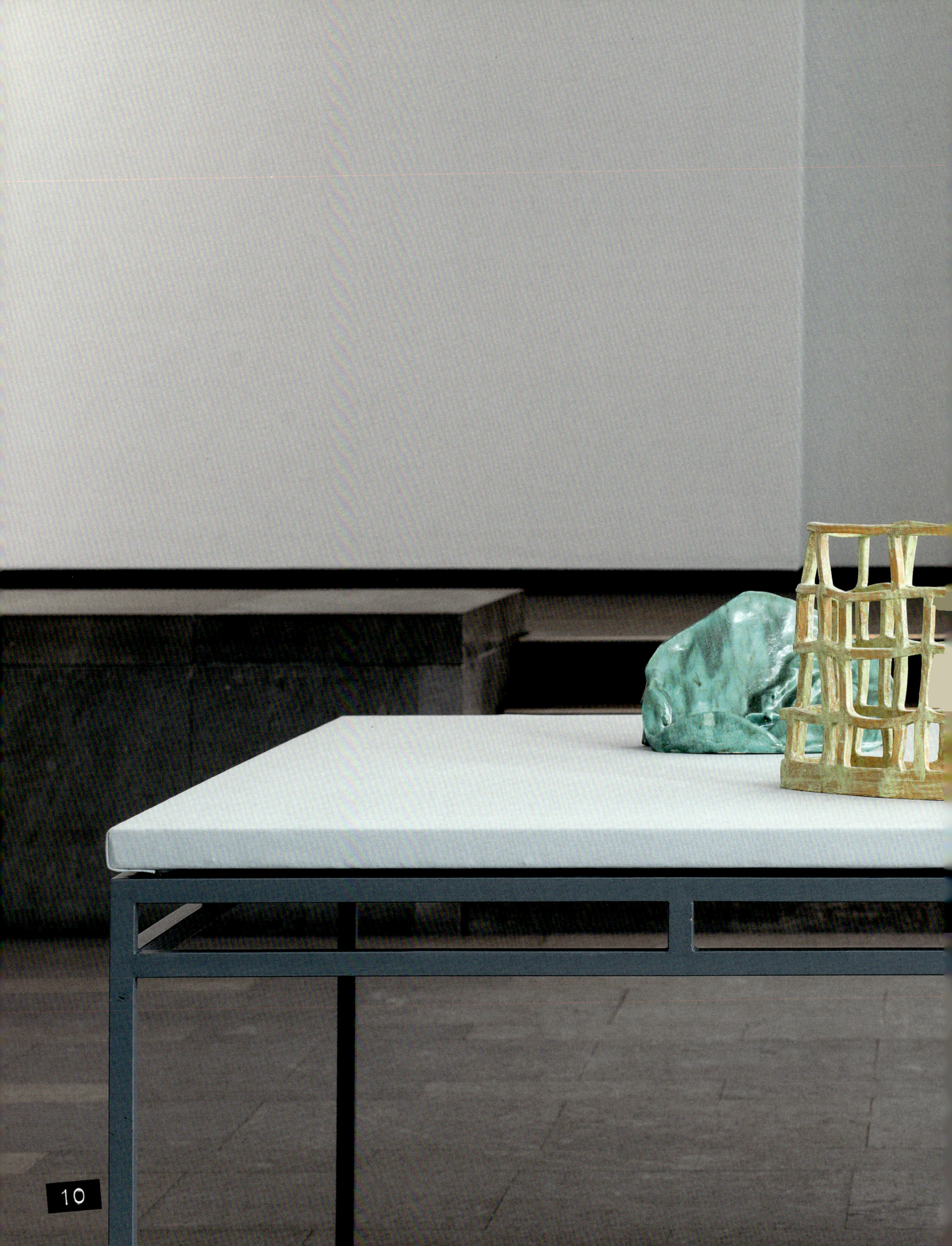
10

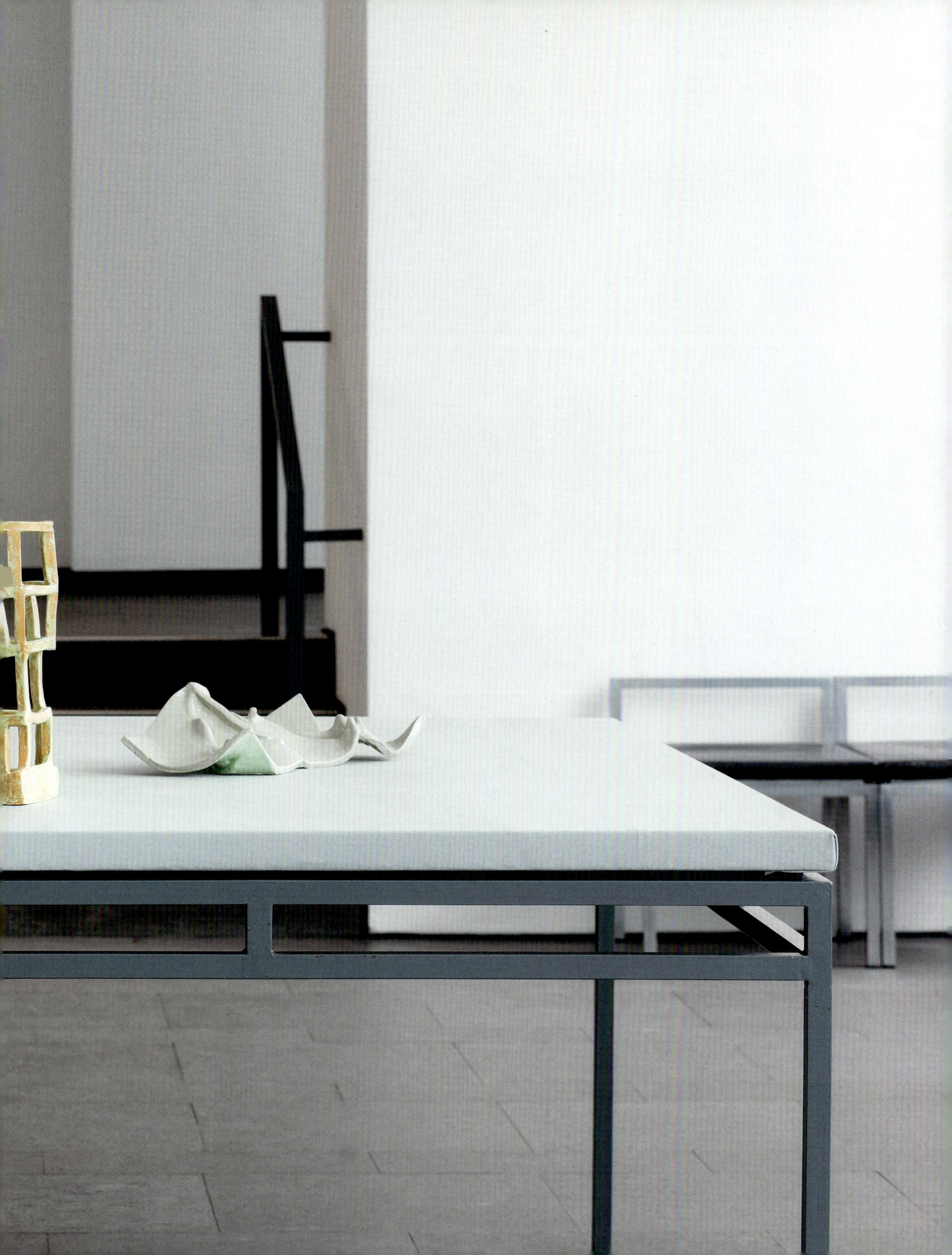

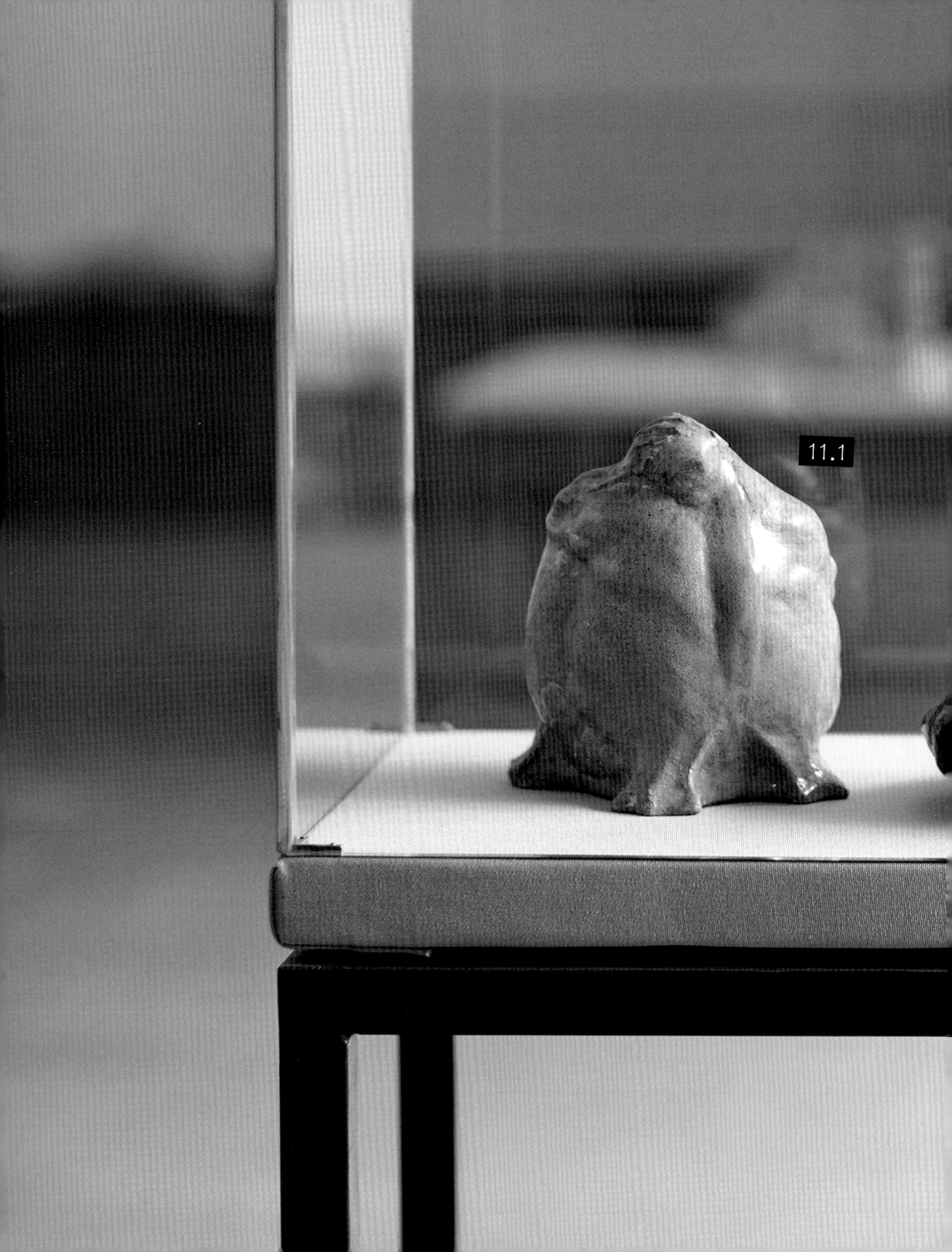

11.1

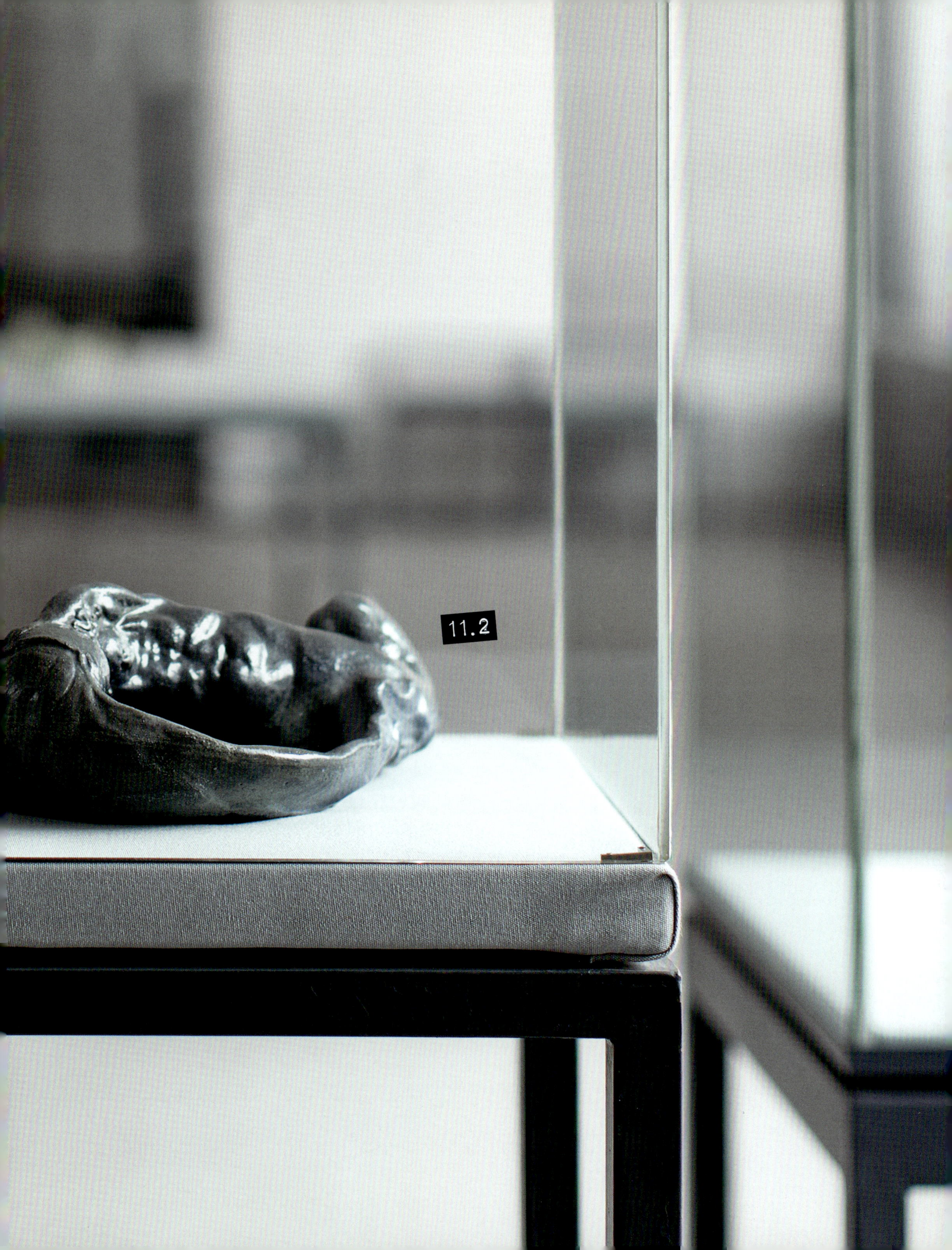

11.2

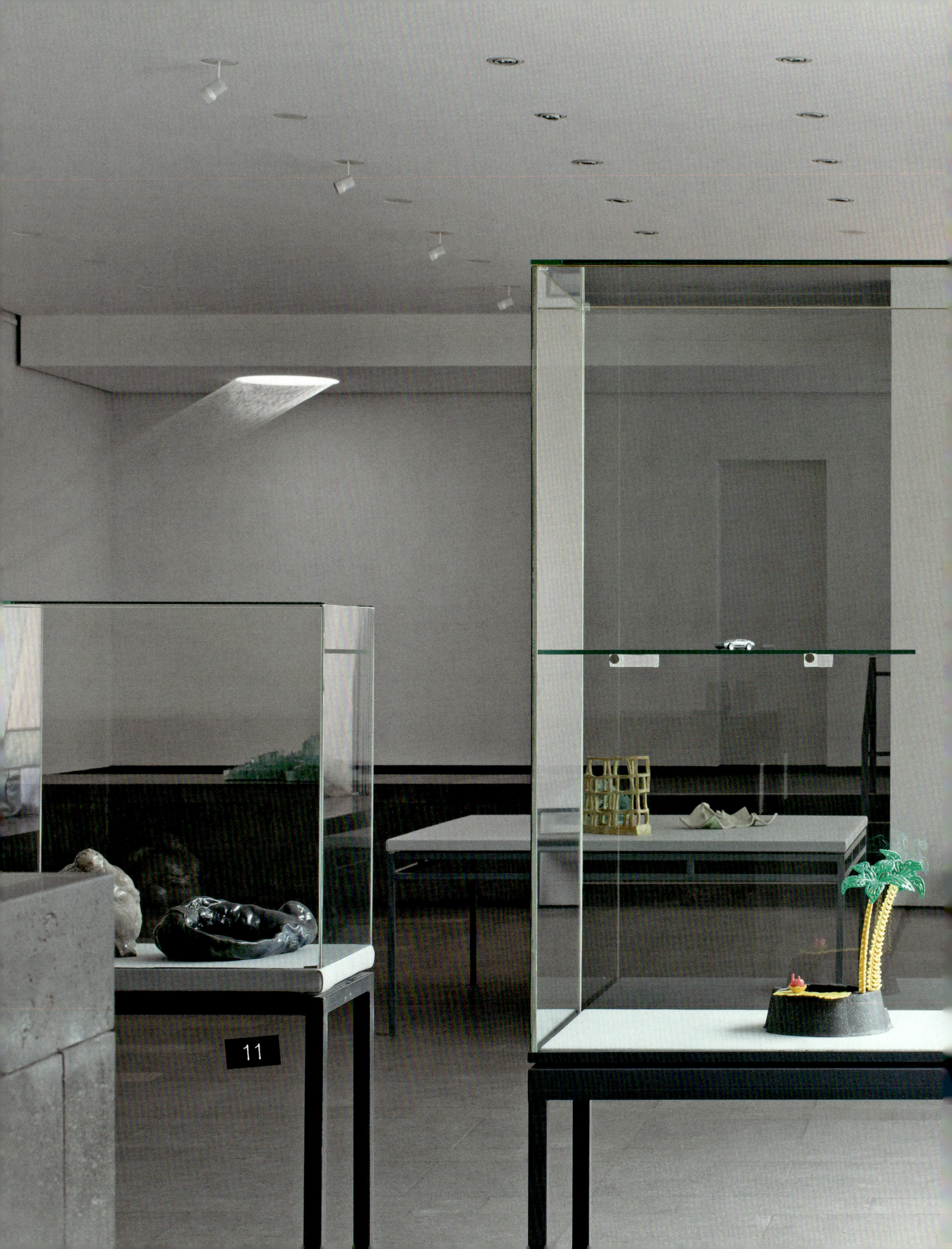
11

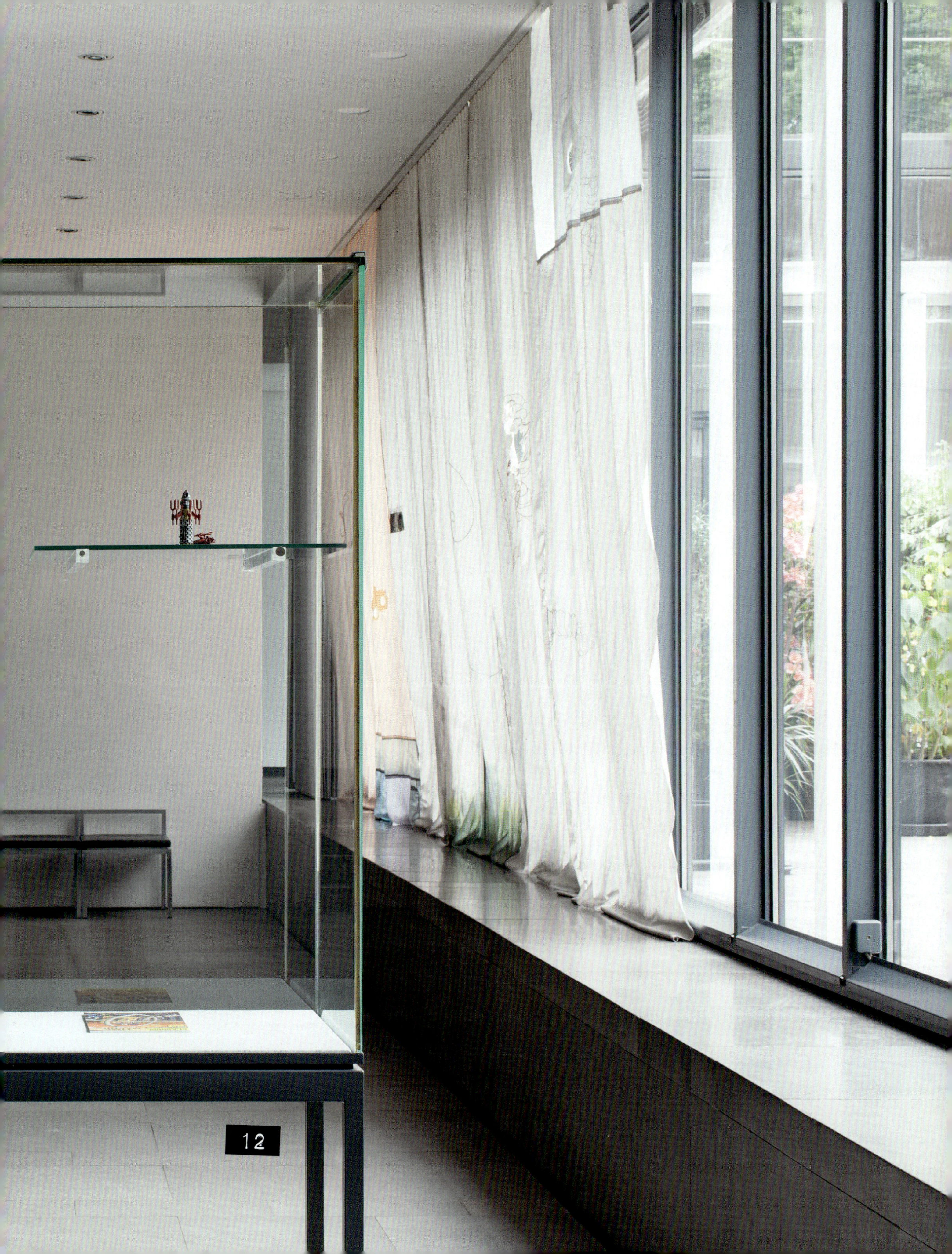
12

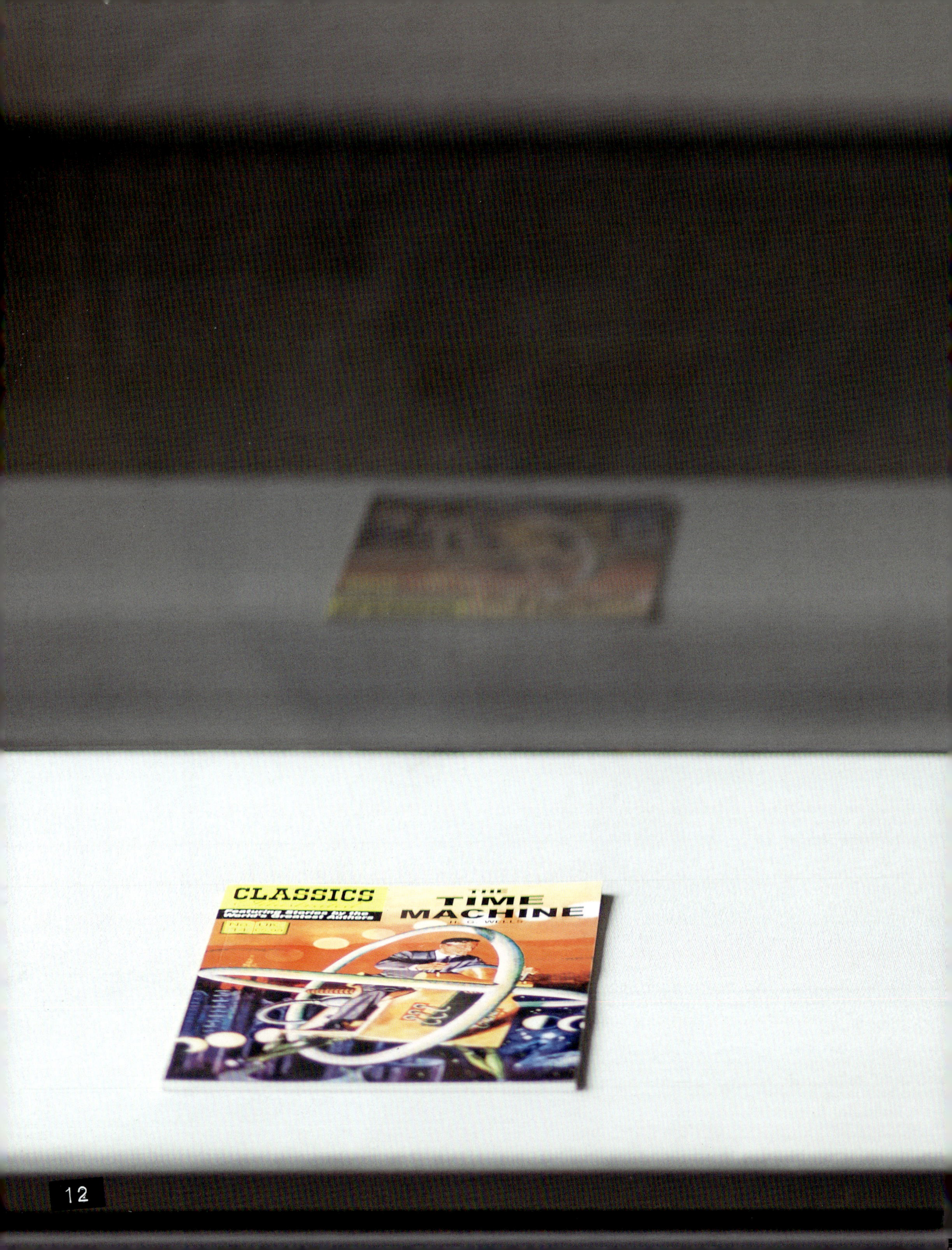

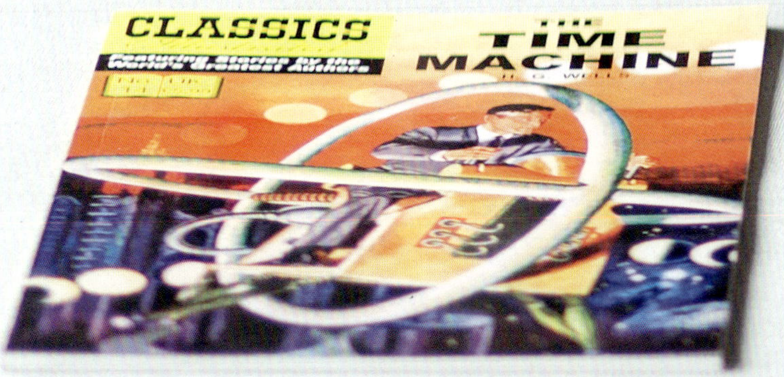

CLASSICS
featuring stories by the
world's greatest Authors
THE TIME MACHINE
H. G. WELLS

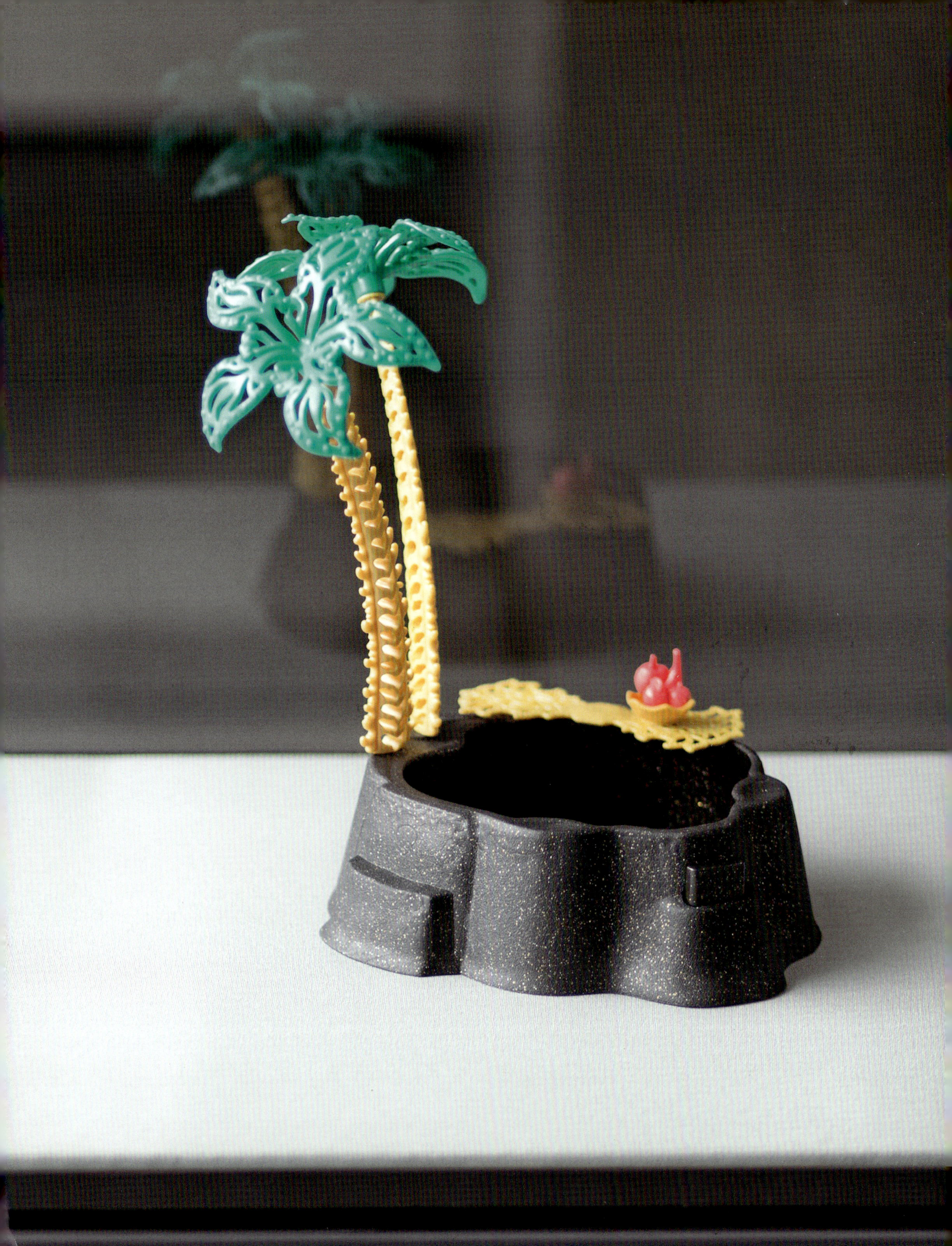

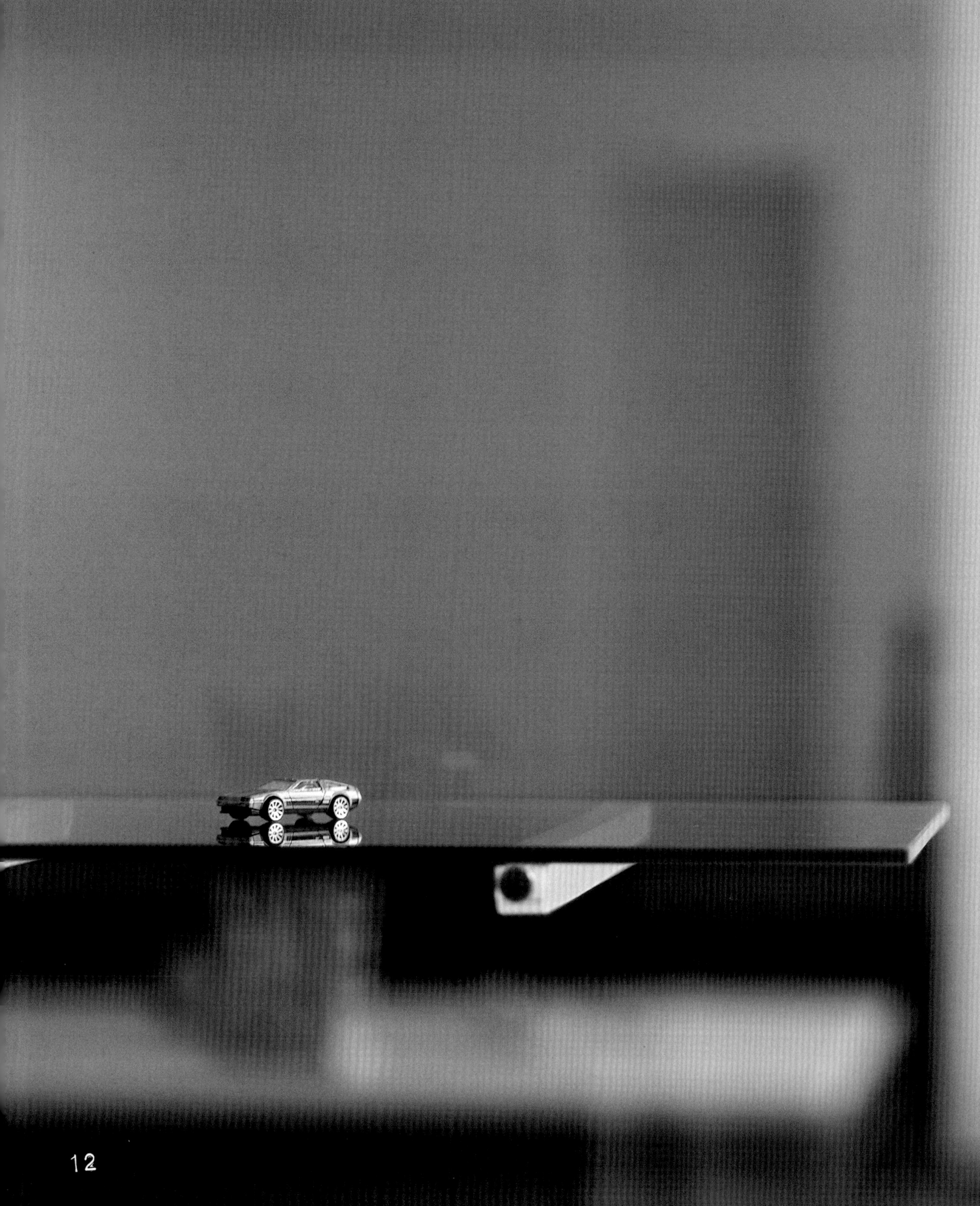